사고력·창의력을 길러주는 필독서

날씨의 변화

학생과학문고편찬회

책머리에

　오늘 날 우리는 온갖 문명의 편리를 누리며 살고 있습니다. 버튼만 누르면 지구의 반대편 사람과도 얼굴을 보고 이야기하고, 인공 위성을 타고 우주 여행을 하고, 복제 양을 만들어 내는 등 예전에는 상상도 못했던 일들이 일어나고 있습니다. 이러한 모든 일들은 과학의 힘으로 이루어지고 있습니다.

　과학의 발달은 곧 인류 문명 발달의 역사라 할 수 있습니다. 과학의 발전 없이는 국가의 발전을 기대할 수 없습니다. 오늘 날 세계의 강대국이라고 자타가 인정하는 나라들은 모두 과학 발전에 엄청난 힘을 기울이고 있습니다. 왜냐 하면, 과학 기술의 발달은 국가 안보와 경제 발전, 그리고 국민 복지 향상의 척도이기 때문입니다.

　제2차 세계 대전 후 선진 공업 국가들은 막대한 연구비를 투자해 가며 과학 기술의 우위를 차지하려고 노력해 왔습니다. 오늘 날, 반도체를 중심으로 한 전자 공업, 컴퓨터를 중심으로 한 정보 산업, 생명 공학 등의 첨단 과학 기술은 선진국과 후진국을 판가름하는 기준이 되기에 이르렀습니다.

　그러나 과학 기술의 발전은 단시일 내에 이루어지는 것이 아닙니다. 과학자들의 꾸준한 연구와 인재 양성, 그리고 과학 기술 전반에 걸친 국민적 관심이 있어야만 가능합니다.

　특히, 자라나는 2세들을 위한 과학 교육은 어려서부터 자연과 접촉하며 호기심과 흥미를 갖는 데서부터 시작됩니다. 이러한 호기심이 문제를 해결하고 보다 큰 창의력으로 나아갈 때 이것은 곧 미래에 훌륭한 과학 기술을 연구, 발전시키는 밑거름이 되는 것입니다.

　이 책은 학생들이 과학 공부에 더없이 좋은 학습 참고서가 될 것이며, 과학 기술에 대한 흥미와 관심을 갖는 데 많은 도움을 줄 것입니다. 또한, 과학에 대한 올바른 지식과 합리적이고 논리적인 사고력을 길러, 창의력을 갖춘 미래의 훌륭한 과학자로서의 자질을 갖출 수 있도록 했습니다.

　부디 이 책을 통해 미래의 훌륭한 과학자들이 많이 배출되기를 기원해 마지않습니다.

편집자 씀

차례

 **여러가지 기상 현상**

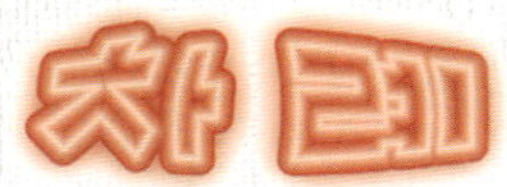 차 례

자연과 인간

세계의 이상 기후

여러 가지 기상 현상

기 온

● 태양의 높이와 지면의 온도 및 기온

지면의 온도와 기온은 지면과 태양과의 거리에 따라 다르다. 태양이 지면에서 낮게 떠 있을 때는 온도가 낮고, 높이 떠 있을 때는 온도도 높아진다. 지면의 온도가 가장 높을 때는 정오쯤이 되나, 기온이 가장 높을 때는 오후 2시쯤이다.

그리고 최고 기온과 최저 기온의 차이는, 갠 날보다 흐린 날이나 비 오는 날이 작다.

🔺 태양의 고도가 높은 한낮—하루 중 가장 온도가 높은 때는 오후 2시쯤이다.

🔴 해가 지는 저녁 무렵에는 태양의 고도가 낮아지기 때문에 기온이 떨어진다.

● 맑은 날과 흐린 날의 밤의 기온

맑은 날 밤에는 열이 달아나는 것을 막는 물체가 없으므로, 지면의 열이 잘 발산되어 기온이 많이 내려간다.

그러나 흐린 날 밤에는 구름이 열의 발산을 막아 주기 때문에, 기온은 그리 심하게 내려가지 않는다. 즉, 구름이 이불과 같은 구실을 하여, 온도가 내려가는 것을 막아 준다.

● 기온을 재는 방법

기온이란 앞에서 말한 바와 같이, 우리를 둘러싸고 있는 공기의 온도를 말한다. 공기는 지표로부터 상공 약 1,000킬로미터 높이까지 퍼져 있으며, 높이에 따라 온도가 다르다.

보통 기온은 지표로부터 약 1.5미터의 높이에서 잰다. 이 높이는 우리들이 섰을 때 얼굴의 높이에 해당된다. 즉, 우리들의 생활에 관계 깊은 공기의 온도를 재는 것이다.

● 온도계를 취급하는 방법

온도계를 취급할 때는 다음과 같은 사항들에 주의를 해야 한다.

◈ 온도계는 햇빛이 직접 닿지 않고 바람이 잘 통하는 곳에 둔다. 특히 백엽상에 넣어 두는 것이 가장 좋다. 백엽상 속에 두면 비와 이슬을 피할 수 있고, 한낮에 내리쬐는 뜨거운 직사 일광은 물론, 지면에서 올라오는 반사열을 막을 수 있다.

◈ 온도계 가까이에 얼굴을 닿게 하면 온도가 올라갈 염려가 있으므로 볼 때 주의해야 한다. 또 온도계 아래쪽 둥근 구부 부분에 손가락이 닿지 않도록 해야 한다. 체온이 전달되어 눈금이 올라갈 수 있기 때문이다.

◈ 수은 온도계에서는 수은 면의 볼록한 부분(가장 높은 곳)의 눈금을 잰다. 그리고 알코올 온도계에서는 알코올 면의 오목한 부분(가장 낮은 곳)의 눈금을 잰다.

◈ 눈금을 읽을 때는 눈과 온도계의 액체 기둥의 끝부분이 직각이 되도록 한다. 그리고 10분의 1도까지 읽는다. 0.5도의 눈금이 있는 온도계라면 10분의 1도까지 쉽게 읽을 수 있다.

◈ 눈금은 먼저 도 이하의 눈금에서부터 읽는다. 예를 들어 그 때의 온도가 섭씨 18.6도가 될 때는 먼저 섭씨 18.6도의 6을 먼저 재빠르게 읽고, 다음에 18도를 천천히 읽는다.

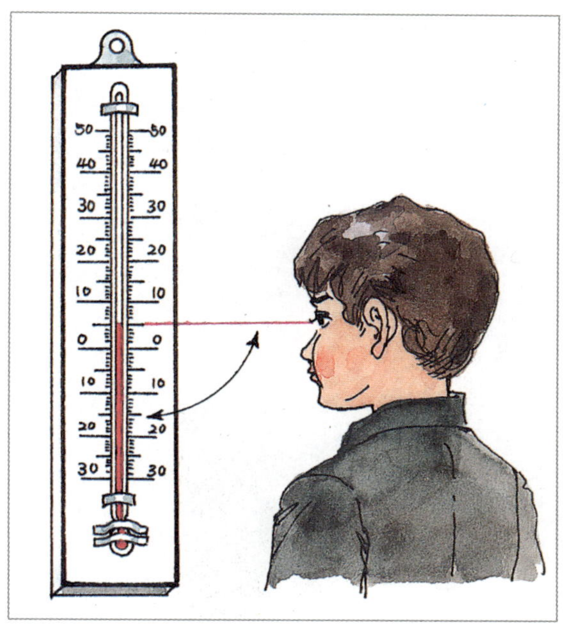

온도계의 눈금 읽기 — 액체 기둥의 높이와 눈금의 높이가 같도록(눈을 온도계에 직각이 되도록) 해서 읽는다.

그것은 온도계를 보는 동안에 0.1도나 0.2도는 이내 변화하기 때문이다.

● 온도계의 발명

날씨를 점을 쳐서 알아보는 일로부터 벗어나, 기계를 사용하여 일기 예보를 하게 된 것은 지금으로부터 300여 년 전부터 시작되었다. 온도계는 1592년 이탈리아의 갈릴레이가 처음으로 발명했다. 그것은 끝 쪽에 공 모양을 한 둥근 관을 물 속에 세워, 온도에 따라 공 모양을 한 곳의 공기의 부피가 변하면 관 속의 수면이 올라가거나 내려가거나 해서, 온도가 변하는 모양을 나타내도록 되어 있다. 그러나 그리 정확한 것이 되지 못했다.

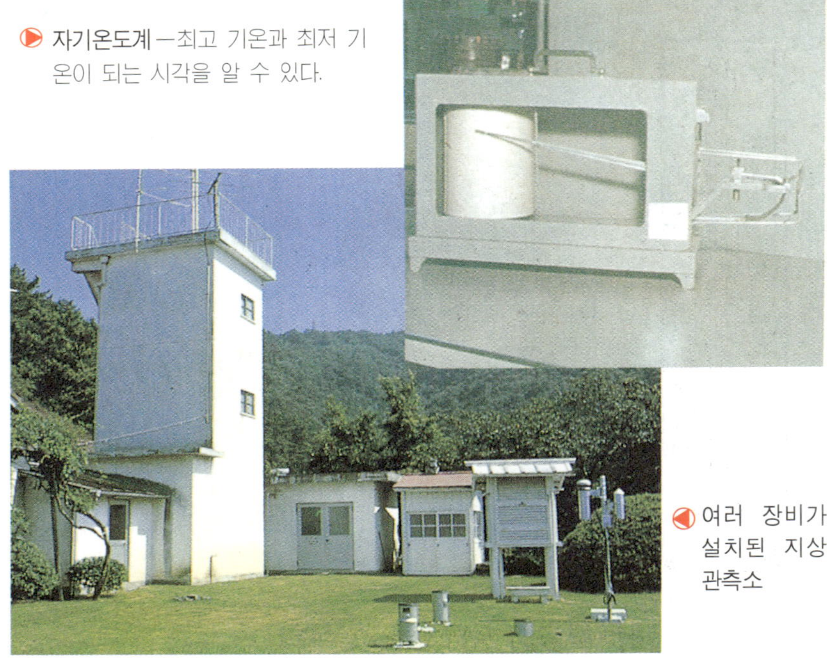

자기온도계—최고 기온과 최저 기온이 되는 시각을 알 수 있다.

여러 장비가 설치된 지상 관측소

그 후 1640년 이탈리아의 피렌체라는 학자가, 공기를 뺀 유리관에 알코올을 채운 알코올 온도계를 만들었다.

또, 1720년에는 독일의 파렌하이트라는 사람이 최초의 수은 온도계를 만들었다. 이렇게 해서 온도의 측정은 차츰 정확하게 이루어졌다.

● 온도계의 사용 방법

하루 중에서 가장 높은 기온을 그 날의 '최고 기온'이라고 하며, 이것은 최고 온도계를 이용하여 잰다. 또, 하루 중에서 가장 낮은 기온을 '최저 기온'이라고 하며, 최저 온도계를 이용해 잰다.

　최고 온도계의 구부에 가까운 부분은 특히 가늘게 되어 있어서 한 번 올라간 수은은 저절로 되돌아가지 않는다. 따라서, 최고 기온을 잰 다음에는 온도계의 머리 쪽을 쥐고 뿌려서 수은의 위치를 본디대로 내려놓는다. 이것을 부도(復度)라고 한다.

　최저 온도계는 알코올 온도계의 일종으로서, 관 속에는 낮은 온도를 가리키는 표시가 들어 있으며, 알코올 기둥에 밀려서 한 번 내려간 표시는 저절로 되돌아가지 않는다.

　부도를 하려면 온도계의 아래쪽 둥근 부분을 높이 해서 쥐고 가볍게 톡톡 치면 된다.

🔺 **왼쪽**―갈릴레이 온도계, **오른쪽**―최초의 알코올 온도계

● 기온의 관측 요령

날씨가 좋을 경우, 하루 중의 기온이 최고인 때는 대개 14시쯤이 되고, 최저인 시기는 아침 해 뜨기 직전이 된다.

하루 한 번씩 관측하는 곳에서는 오전 9시에 기온을 재는데, 이 때의 최고 기온은 어제의 오전 9시부터 오늘 오전 9시까지의 사이에 나타난 것이다.

그런데 최고 기온은 오후 2시경에 나타나는 일이 많으므로, 그 때의 최고 기온은 어제 최고 기온으로 어제의 난에 기입한다. 한편 최저 기온은 그 날의 아침 해 뜨기 직전에 나타나는 것이므로 그 날의 난에 기입한다.

관악산의 레이더 기상 관측소—레이더 기상 관측소에서는 공중에 전파를 발사한 후 구름에서 반사되어 오는 모습을 분석한다.

▶ 기상 관측 레이더에 잡힌 구름의 모양

● 빛의 양과 기온의 변화

같은 면적이라도, 면이 기울어져 빛을 비스듬히 받으면 빛을 받는 양이 줄어든다. 이것을 회중 전등으로 실험해 보자.

같은 높이에서 회중 전등으로 종이를 비춰 본다. 바로 위에서 비추면 좁은 범위를 밝게 비쳐 주고, 비스듬히 비추면 타원형의 넓은 범위를 비쳐 준다. 즉, 회중 전등으로부터 나온 빛이 넓은 범위를 비추면 빛은 그만큼 엷어지게 된다.

햇빛의 경우도 마찬가지이다. 같은 지면을 생각하면, 태양빛이 비스듬히 쬘수록 지면이 받는 열량이 적어져 추워진다.

이와 같은 원리는 위도에 따른 기온의 변화와도 직접 관련된다. 즉, 적도 부근에서는 태양이 바로 위에서 내리쬐기 때문에 기온이 높아진다. 반면에 위도가 높은 지방에서는 태양이 비스듬히 내리쬐기 때문에 기온이 낮아진다. 따라서, 지구는 위도에 따라 열대·온대·한대로 나눌 수 있다.

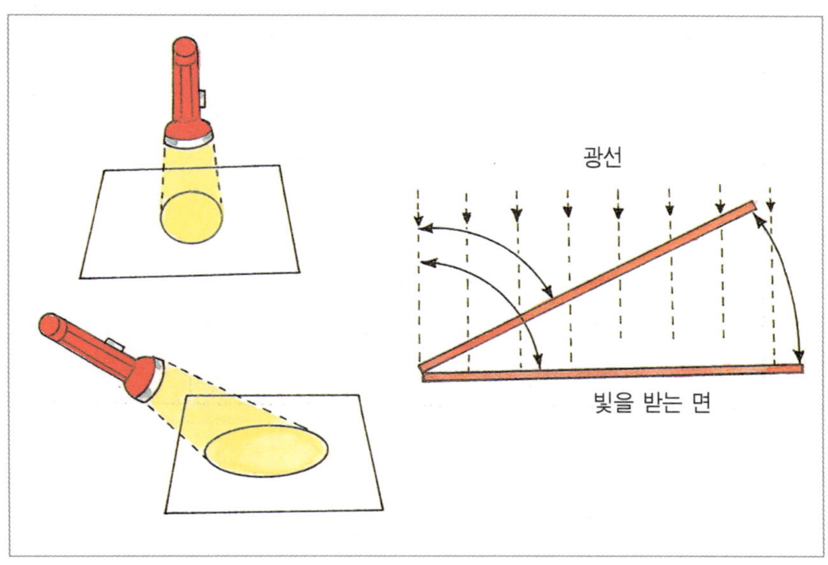

● 산의 높이와 기온

지구에 닿는 태양 빛은 공기를 지나 맨 먼저 지면과 바다를 데운다. 지면이나 바다가 태양열에 의해 데워지고 나면 공기가 데워진다.

그러므로 지면으로부터 상공으로 올라갈수록 기온은 내려간다. 대체로 1,000미터 높아질 때마다 6도씩 내려간다.

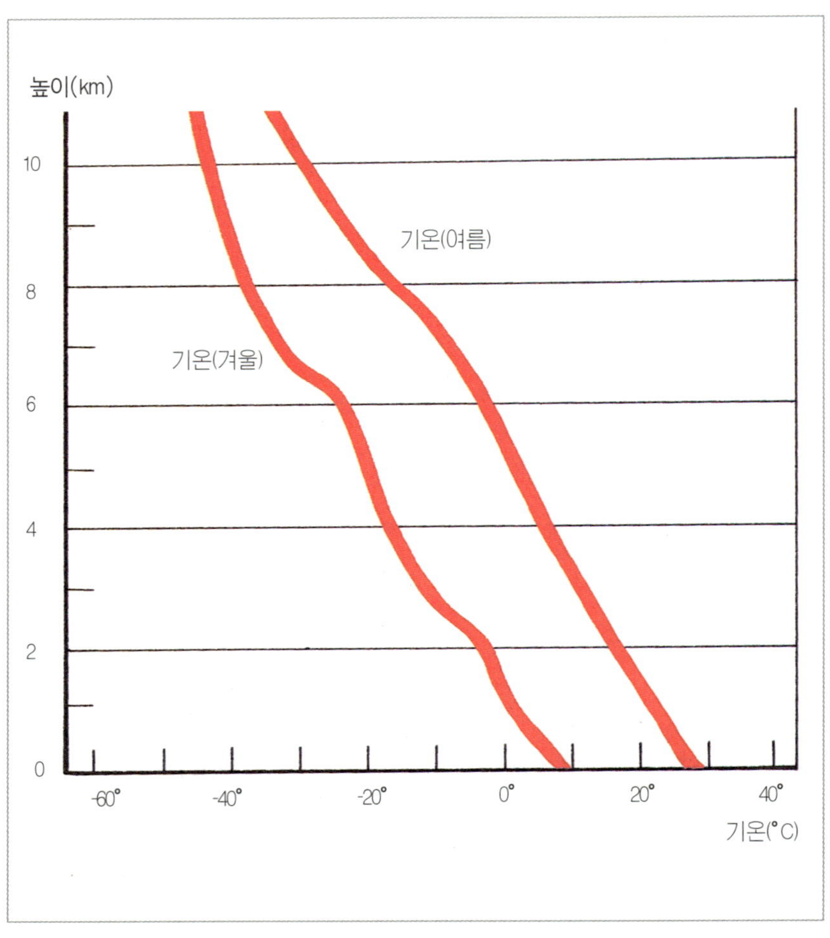

기 압

● 기압의 뜻

지구 둘레의 공기는 지구에 끌어 당겨지고 있다. 즉 센 힘으로 지구를 누르고 있는 것이다. 이 공기의 무게, 정확하게 말하면, 1세제곱 센티미터의 넓이에 내리 누르는 힘을 '기압'이라고 하며, 밀리바(mb)가 그 단위이다.

기압의 평균은 1,013밀리바이지만, 장소와 때에 따라서 조금씩 달라진다. 그것은 공기가 언제나 움직이고 있기 때문이다.

둘레보다 기압이 높은 곳을 '고기압', 반대로 둘레보다 기압이 낮은 곳을 '저기압'이라고 한다.

고기압 중심에서는 바람이 불어 나가게 되고, 이 곳을 메우기 위해 상공으로부터 기류가 내려온다. 그렇기 때문에 고기압 부근에서는 날씨가 맑아진다. 반대로 저기압 중심에서는 바람이 둘레로부터 불어 들어와 상공으로 올라가므로, 저기압 부근에는 구름이나 바람이 많아서 날씨가 나빠진다.

기압은 높이와 장소에 따라 달라진다.

높이가 약 100미터 정도까지는 10미터 올라갈 때마다 기압은 1.2밀리바씩 줄어든다.

또 같은 장소에서도 시각에 따라 기압은 변화하기 때문에 오랜 기간 동안 기압의 변화를 평균하여 하루의 기압치를 결정한다.

기압이 높으면 날씨가 좋은 날이 많고, 기압이 낮아지면 날씨가 대체로 나빠진다.

● 기압의 움직임과 바람

저기압으로 부는 바람은 지구의 자전 때문에 북반구에서는 왼쪽감기, 즉 시계 바늘과 반대 방향으로 소용돌이를 치고, 남반구에서는 오른쪽감기의 소용돌이를 친다.

그리고 고기압 중심에는 하강 기류가 있고, 습기가 적어서 맑은 날씨를 이룬다. 저기압 중심에서는 공기가 상승한다.

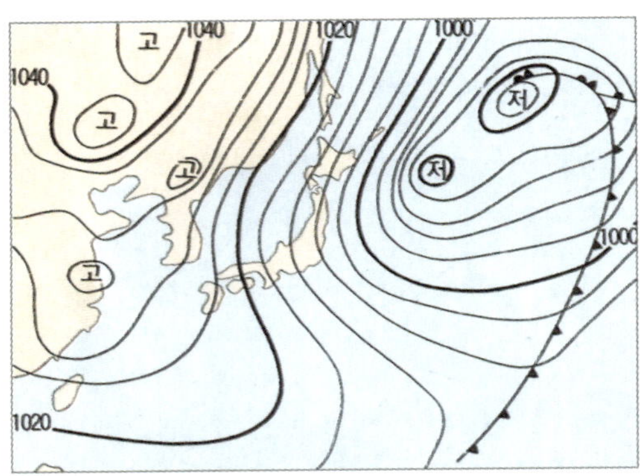

◀ 우리 나라 부근의 기압 배치도

▼ 기상 위성에서 찍은 구름 사진—저기압인 곳은 구름으로 하얗게 보이며, 고기압인 우리 나라는 맑아서 검게 보인다.

● 기압계의 종류

기압은 기상 관측 중에서도 가장 정확도를 필요로 한다. 이를테면 우량은 몇 퍼센트 정도의 오차가 있어도 상관 없으나 기압은 0.2~0.3밀리바의 오차로도 정확한 천기도를 만들 수 없게 된다. 기압을 재는 데는 수은 기압계와 아네로이드 기압계가 흔히 쓰인다.

▲ 수은 기압계—사용하기가 불편하지만 정확하기 때문에 기상대에서 표준 기압계로 사용한다.

▲ 수은 기압계의 밑동

수은 기압계:수은 기압계는 단면적 1제곱 센티미터이고, 길이 1미터의 유리관 한쪽을 막고 그 속에 수은을 채운 다음 수은 단지에 거꾸로 세운 것이다. 기압에 따라 수은주의 높이가 변하는데, 이것을 재는 것이다.

아네로이드 기압계:기상대나 측후소에서는 기압을 수은 기압계로 재나, 재는 방법이 번거로우므로 대개는 아네로이드 기압계를 사용하고 있다. 이 기구는 얇고도 탄력이 있는 금속으로 만든 통이 있는데, 이 속의 공기를 빼낸 다음 기압에 눌려서 일그러지지 않도록 태엽으로 받쳐 놓은 것이다.

아네로이드 기압계

자기 기압계

기압이 높을 때는 통이 눌려서 들어가고, 또 기압이 낮을 때는 반대로 통이 부풀어오르게 된다.

이 조그마한 움직임을 지레 장치로 확대하여 바늘로 전해서 그 때의 기압을 나타내도록 한 기구이다.

자기 기압계:이 기구는 아네로이드 기압계와 같이 금속의 통이 사용되고 있다. 통 안의 공기를 빼내고 센 판자 태엽을 넣어 두었다. 기압이 바뀜에 따라 통이 들어가거나 부풀어 나오거나 하는데, 이 움직임을 펜에 전하게 한 다음, 시계 장치로 해서 회전하는 원통에 감아 놓은 종이 위에 자동적으로 기록하도록 한 것이다.

● 기압계의 발명

기계를 사용하여 일기 예보를 하게 된 것은 지금으로부터 약 300여 년 전부터이다. 기압계를 만들어 일기 예보를 한 사람은 독일의 마그데부르크 시의 시장인 게리케이며, 1660년쯤의

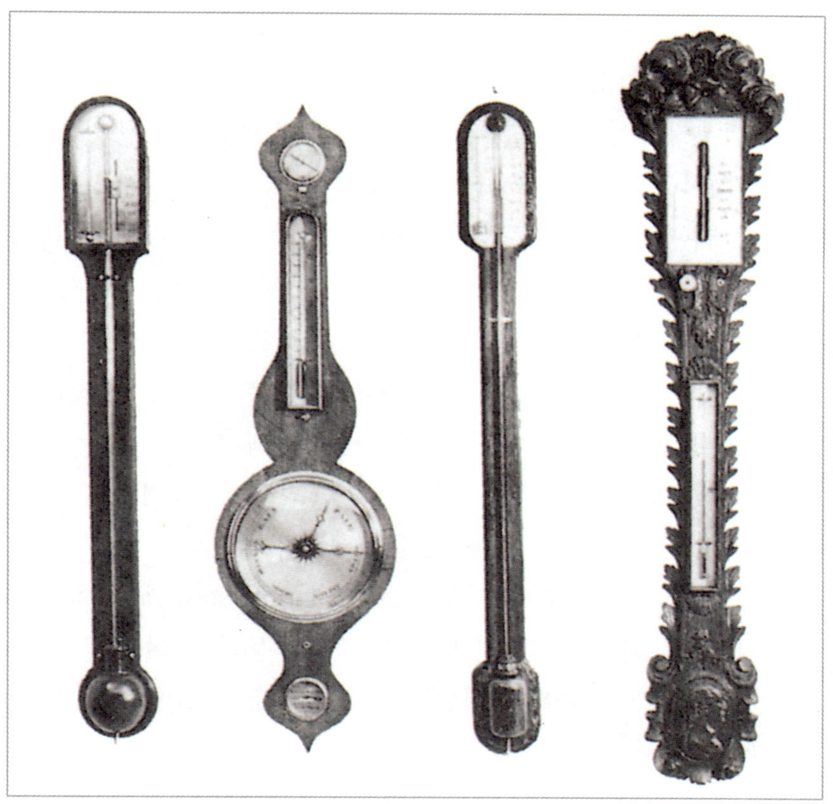

🔺 일찍이 사용되었던 여러 형태의 기압계

일이다.

게리케는 기구에 대해서 많은 취미를 가지고 있었다. 그는 펌프를 사용하여 여러 것에 대하여 공기를 빼내에 진공 실험을 해 보았다.

어느 날 게리케는 수조 속에 길이가 긴 관을 세우고 관의 위쪽을 막은 다음, 관 속의 공기를 빼고서 물이 관 속으로 올라오는 모양을 알아보았다.

"물이 어느 곳까지 올라올까?"

게리케는 관을 긴 것으로 바꾸어 2층의 문에 다다르게 했다.

역시 물이 올라왔다. 다시 관을 늘여 3층까지 다다르게 해 보아도 물이 올라왔고, 더욱 늘여서 4층까지 다다르게 했을 때는 물이 관의 꼭지까지 올라가지 않고 3층과 4층의 중간에 정지하였다.

게리케는 물이 멈추는 관의 한 부분에는 유리를 끼워 직접 관 속의 물이 보이도록 했다. 관 속의 물의 기둥은 지면으로부터 거의 10미터 높이까지 올라갔다.

날이 바뀜에 따라 게리케는 물이 머무는 위치가 일정하지 않고 높아지거나 낮아지는 것을 알았다. 게리케는 유리에 눈금을 새기고 수면에 작은 인형을 띄워 놓았다. 물기둥의 높이를 인형으로 알아보기 위한 것이다.

매일 인형의 위치를 살펴보고 있는 동안에 게리케는 이상한 일을 깨닫게 되었다. 즉 날씨에 따라 물기둥의 높이가 달랐다. 맑은 날에는 물기둥이 높이 올라가고 비 오는 날에는 낮았다.

'물이 관 속으로 올라가는 것은 물통의 수면을 공기가 누르고 있기 때문이다. 물이 10미터보다 더 높이 올라가지 않는 것은, 공기가 수면을 누르는 힘이 10미터의 물기둥의 무게와 맞서 있기 때문이다. 그렇다면 날씨에 따라 수면을 누르는 힘이 세어지거나 약해지는 것이 틀림없다. 그 때문에 물기둥의 높이가 변할 것이다.'

게리케는 이렇게 생각했다. 그러던 어느 날 게리케는 인형이 보통 때보다 훨씬 내려가 있음을 발견했다. 게리케는 매우 긴장하였다.

'인형이 이렇게 내려간 것은 처음이다. 앞으로 무슨 일이 일어날 것임에 틀림없다.'

게리케는 시청으로 달려가서 태풍이 불어 올지도 모른다고

🔺 기구를 이용한 천체 관측

알려 주었다. 그 말을 들은 여러 사람들은 하늘을 보고서 어처구니없다는 듯이 웃었다.

"시장님이 머리가 약간 돈 것이 아닐까? 이렇게 날씨가 좋은데, 태풍이란 말은 당치 않아."

그런데 2시간도 채 되지 않아서 센 바람 소리가 귓전을 울렸다.

"과연……."

그제야 사람들은 시장의 말을 믿게 되었다. 게리케는 태풍의 위험마저 잊고서 자신의 예보가 들어맞은 사실에 매우 기뻐했다.

"시장님이 일기 예보도 하시다니 참 놀라운 일이야!"

시민들의 감탄은 이루 말할 수 없었고, 게리케의 평판은 더욱 높아졌다.

게리케의 생각과 같이 대기의 압력(기압)은 항상 변한다. 게리케는 기압과 날씨와는 깊은 관계가 있음을 발견한 것이다.

이렇게 해서 기구를 사용하여 기상을 관측하는 학문의 길이 조금씩 열려 갔다.

그런데 게리케도 극히 특별한 경우 이외에는 일기 예보를 할 수 없었다. 일기 예보를 하려면 더 많이 여러 곳의 기압을 알아보아야 하기 때문이다.

바 람

● 바람의 원리

어느 장소가 태양의 열을 받아 데워지면 그 곳의 공기가 가벼워져서 위로 올라가게 된다. 그러면 이 곳의 빈틈을 메우기 위해 둘레의 찬 공기가 흘러들어오는데, 이것이 바람이다. 장작불을 피울 때 둘레의 공기가 움직이는 것도 같은 이치이다.

지구 위에는 곳에 따라 태양을 쬐는 정도가 다르기 때문에 바다와 육지, 북극과 적도 등 여러 곳에서 바람이 일어난다. 즉, 바람은 대규모의 기체 대류 현상이라고 할 수 있다.

이러한 점에서 바람을 크게 2가지 방향으로 나누어 생각할 수 있다.

하나는 여러분의 둘레를 부는 바람, 즉 국부적인 바람이고,

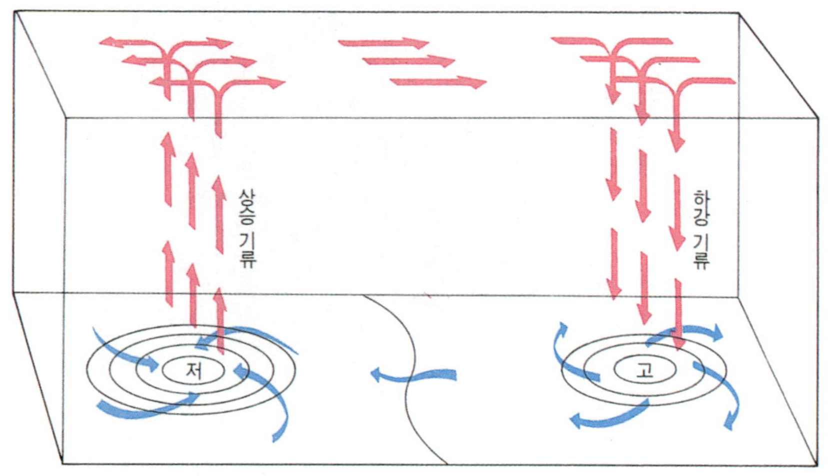

🔺 고기압과 저기압에서의 바람의 이동 모습

다른 하나는 세계 전체를 통해서 본 바람, 즉 지구를 둘러싼 대기의 대규모적인 움직임이다.

여러분이 있는 작은 구역에도 둘레의 기압이 높은 곳과 낮은 곳이 생기는 일이 있다. 그렇게 되면 기압이 높은 곳에서 낮은 곳으로 바람이 불게 된다.

이와 같은 일은 지구 전체에서도 일어난다. 지구 위에서 가장 더운 곳은 말할 나위 없이 적도 부근이다. 따라서, 적도 부근에서는 더운 공기가 언제나 위로 오른다.

상공에 오른 공기는 둘로 나누어져 북과 남으로 향한다. 이리하여 북위 30도와 남위 30도 근처에서는 다시 지면을 향해서

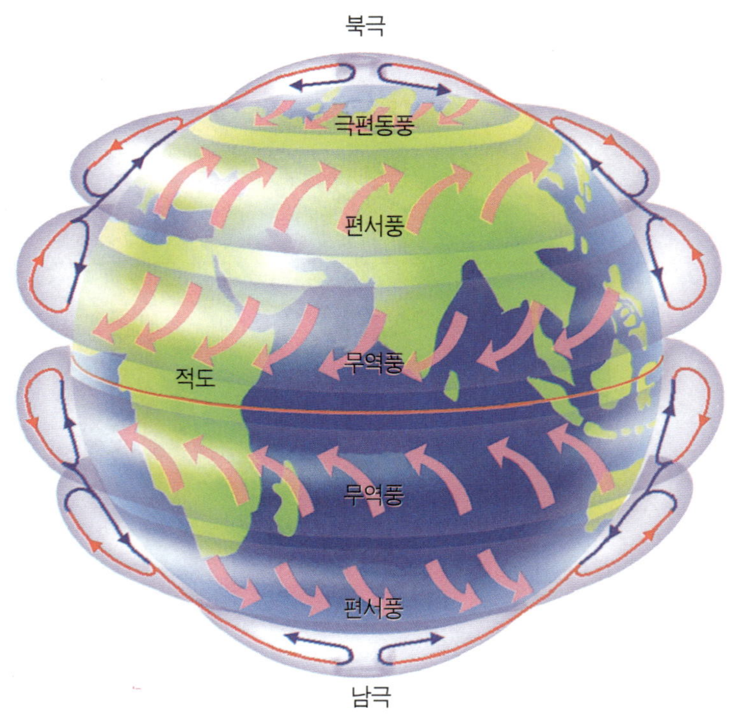

🔺 대순환이 일으키는 바람

내려온다. 이것을 '무풍대'라고 한다.

무풍대에 내려온 공기는 또 둘로 나누어져 지구 표면에 잇닿아 남과 북으로 향한다.

북반구에서 볼 때, 하나는 적도 방향으로 흘러 적도에서 상승한 더운 공기의 뒤를 메운다. 다른 하나는, 북극을 향해 흘러서 북위 60도 근처에서 상승하고, 상공을 지나 무풍 지대로 되돌아와서 다시 내려온다.

만일 지구가 자전하지 않으면 이들 바람은 모두 다 동풍이나 남풍이 될 것이다. 즉 북반구에서 볼 때, 지면 가까이의 공기는 적도에서 북위 30도의 무풍대 근처까지는 남쪽을 향해서 흐르고, 북위 30도로부터 60도까지는 북쪽을 향해서 흐를 것이다.

그런데 지구가 자전하고 있기 때문에 북반구의 바람은 모두다 오른쪽으로 돌고, 남반구에서는 왼쪽으로 돈다. 그러므로 북반구에서 무풍대로부터 적도에 부는 바람은 동쪽으로 치우치는 바람이 된다. 이것을 '무역풍'이라고 한다.

또, 무풍대로부터 북극으로 향하는 바람은 서쪽으로 치우치는데, 이것을 '편서풍'이라고 한다. 우리 나라나 미국과 같은 중위도의 지방은 모두 편서풍 지대에 있다.

그런데 지금 말한 것은 대충 설명한 것이며, 지구 위에 바람이 부는 모양은 매우 다양하고 복잡하다. 위치에 따라, 또는 계절에 따라 바람이 부는 방향이나 속도는 아주 심하게 달라진다.

그러나 1년 동안 계속해서 바람에 대해 관측해 보면, 어떤 지점에서는 어느 계절에 특별히 무역풍같이 일정한 방향으로 부는 바람이 있다. 이것을 흔히 '탁월풍'이라고 한다.

● 바람의 방향과 세기

풍 향

바람이 부는 방향을 '풍향'이라고 하며, 불어 오는 방위로 나타낸다. 즉 바람이 북에서 남으로 부는 것을 북풍이라고 한다.

풍향은 날개가 달려 있는 풍향계를 사용하여 잰다. 풍향계가 없을 때는 굴뚝에서 나오는 연기의 방향이나 종이 테이프·비눗방울·나뭇가지가 움직이는 방향을 보고서 알 수 있다. 또, 바람받이통이나 풍향기를 사용해서도 풍향을 알 수 있다.

풍향을 나타내는 기호에는 북(N), 북북동(NNE), 북동(NE), 동북동(ENE), 동(E), 동남동(ESE), 남동(SE), 남남동(SSE), 남(S), 남남서(SSW), 남서(SW), 서남서(WSW), 서(W), 서북서(WNW), 북서(NW), 북북서(NNW) 등이 있다.

이것을 풍향의 '16방위'라고 하며, 대개는 알파벳의 부호를 사용한다.

풍향계를 설치할 때는 그 위치에 신경을 써야 한다. 풍향계는 바람이 건물이나 둘레의 수목에 영향을 받지 않는 높은 곳에 설치해야 한다. 또, 지붕 위나 그 위에 기둥을 세워 설치하기도 한다.

풍향은 항상 변하고 있으므로, 기상대에서는 10분간의 관측 자료를 평균을 내어 풍향을 나타낸다. 이렇게 1개월 동안의 관측이 완료되면 북쪽의 바람이 몇 회, 남동쪽의 바람이 몇 회하는 식으로 달마다 통계를 낸다.

이렇게 하면 계절에 따라서 어떤 바람이 불어 오는가를 알 수 있게 된다.

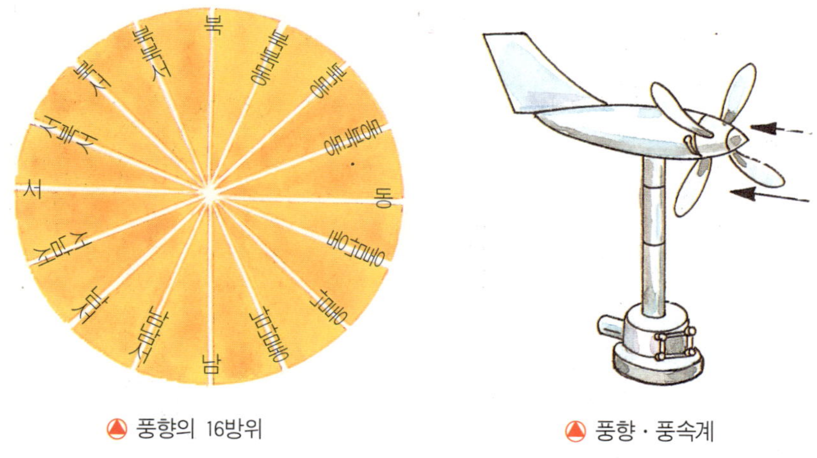

🔺 풍향의 16방위

🔺 풍향·풍속계

풍 속

바람이 센 날은 공기가 매우 빠르게 움직이는 것처럼 느껴진다. 그러나 실제로 재 본 결과에 의하면 우산을 받치지 못할 정도의 심한 바람에서도 매초 10미터나 15미터, 즉 시속 4, 50킬로미터에 불과하다. 바람이 세기 때문에 그토록 빠르게 느껴질 뿐이다.

풍속을 정확히 아는 일은 여러 면으로 중요하기 때문에, 세계 여러 곳에서 쉴새없이 풍속을 측정하고 있다.

풍속을 재는 기구 즉, 풍속계는 영국의 과학자 로버트 훅이 1667년에 처음으로 만들었다.

풍속계의 종류에는 여러 가지가 있다. 그 가운데 오늘날 가장 널리 사용되고 있는 형은, 알루미늄으로 만든 바람개비 3~4개를 회전축에 나와 있는 지레에 부착해 놓은 로빈슨 풍속계이다.

이 풍속계는 바람을 받아 자유로이 돌며, 바람이 셀수록 빨리 돌게 된다. 이렇게 해서 일정 시간 동안에 회전한 횟수를

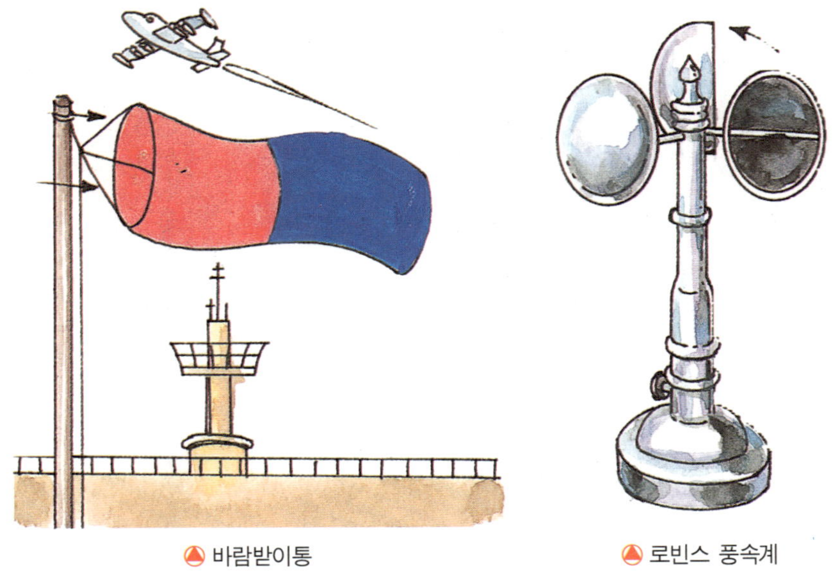

바람받이통

로빈스 풍속계

셈하면 풍속을 알 수 있게 된다.

보통 풍속이라고 하면 10분 동안 계속해서 잰 속도를 평균하여, 매초 몇 미터라고 단위로 나타낸다. 특히 한 순간의 풍속을 말할 때는 '순간 풍속'이라는 말을 사용한다.

풍속계를 이용하지 않을 때는 풍력 계급에 의해 연기가 날리는 모양, 나뭇잎이나 나뭇가지가 흔들리는 모양 등으로 대강 알 수 있다.

바람의 방향이나 이동 속도는 우리의 일상 생활과 밀접한 연관을 맺고 있다. 그러므로 상공의 바람 상태를 알아보는 일은 매우 중요한 일이다. 이것은 또한 지상의 일기 예보를 하는 데도 중요한 자료가 된다.

처음에는 풍향과 풍속을 재기 위해, 대기 속에 기구를 띄워 올려 바람에 의해 날리는 것을 데오돌라이트라고 하는 특별

망원경으로 추적하여 바람의 방향이나 속도를 재었다.

그러나 이와 같은 측정 방식은 상공에 구름이 있을 때는 측정하기 곤란하므로, 지금은 레이더를 이용하여 기구의 움직임을 관측하고 있다.

< 보퍼트 풍력 계급표 >

풍력	기호	풍속(m/초)	땅 위에 일어나는 일	바다에서 일어나는 일
0	◎정온	0.2 미만	연기가 똑바로 올라간다.	해수면은 거울처럼 잔잔하다
1	◎정온	0.3~1.5 미만	연기가 옆으로 올라가므로 풍향을 알 수 있다.	해수면에 잔물결이 이는 것을 알 수 있으나 거품은 없다.
2	5knots	1.6~3.3 미만	얼굴에 바람을 느끼며, 나뭇잎이 움직이는 것을 알 수 있다.	해수면 전체에 잔물결이 이는 것을 알 수 있다.
3	10knots	3.4~5.4 미만	나뭇잎이 흔들리고 깃발이 나부끼기 시작한다.	유리 구슬 같은 거품이 생기며 하얀 물결이 보이기 시작한다.
4	15knots	5.5~7.9 미만	종이가 날고, 작은 나뭇가지가 흔들린다.	파도의 너비가 길어지고 해면의 반 이상이 하얀 물결로 보인다.
5	20knots	8.0~10.7 미만	큰 나뭇가지가 흔들리고, 전깃줄이 소리를 내며, 우산받기가 어렵고 걷기 힘들다.	약간 큰 파도의 마루가 보이기 시작하고 부서진 흰 포말의 물마루가 생기며 물보라가 일어난다.
6	25knots	10.8~13.8 미만		
7	30knots	13.9~17.1 미만	작은 나뭇가지가 부러지고, 바람 부는 방향으로 걷지 못한다.	바다가 거칠어져서 큰 물결이 일고 풍랑이 점점 높아지며 부서진 포말은 줄무늬를 만들고 물보라는 소용돌이가 된다.
8	35knots	17.2~20.7 미만		
9	45knots	20.8~24.4 미만	나무가 뽑히고, 집이 무너져서 손해가 크다.	물마루가 거슬러 소용돌이 치고 해면은 새하얗게 되며 물보라로 앞을 볼 수 없다. 풍랑이 심해진다.
10	50knots	24.5~28.4 미만		
11	60knots	28.5~32.6 미만	흔히 생기지 않는 강한 바람이다. 집이 날리기도 하며, 건물이나 사람들에게 막심한 피해를 끼친다.	쳐다볼 수 있는 큰 파도가 되고 물보라가 가득 차 있다. 선박의 전복이 우려될 정도이며 뚜렷한 해수면을 볼 수 없다.
12	70knots	32.7이상		

● 제트 기류

우리 나라 상공에는 대류권과 성층권 사이에 서쪽으로부터 동쪽을 향해 흐르는 센 공기의 흐름이 있다. 이 공기의 흐름을 '제트 기류'라고 한다.

이 제트 기류는 적도 부근의 상공에 위치해 있는 강한 동풍이 있고, 또 남반구의 온대 지방 상공에도 서쪽으로부터 동쪽으로 흐르는 것이 있다.

제트 기류는 지상의 기상 변화와 큰 관계가 있으며, 일기 예보를 내는 데도 중요한 자료가 된다.

▲ 제트 기류에 의해 생긴 구름

제트 기류는 수평으로 펼쳐진 튜브와 같은 모양을 하고 있으며, 중심에 가까워질수록 풍속이 빨라진다. 초속 100미터 이상인 경우도 종종 있다.

우리 나라에서 미국으로 가는 비행기가 이 제트 기류에 들어가면, 속도가 더욱 빨라질 것은 물론이거니와 연료도 많이 절약될 것이다.

● 계절풍

영어로 계절풍을 '몬순'이라고 한다. 이것은 계절을 뜻하는 아라비아어 로부터 따온 말이다. 계절풍은 여름에는 바다에서 육지를 향하여 불고, 겨울에는 반대로 육지에서 바다를 향하여 부는 바람을 말한다. 즉, 계절에 따라 방향이 바뀌는 바람이다.

바다로부터 바람이 부는 따뜻한 계절에는 습하고 비가 많이 내리고, 육지로부터 바람이 부는 추운 계절에는 건조한 날씨가 많다. 그러면 이렇게 계절적 변화가 일어나는 이유는 무엇일까?

그것은, 대륙이나 큰 섬은 여름에는 이를 둘러싼 바다보다 쉽게 데워지고, 겨울에는 반대로 육지가 바다보다 먼저 식기 때문이다.

이를테면 중앙 아시아나 남아시아는 인도양이나 태평양에 비해서 여름에는 온도가 매우 높다. 그래서 공기가 가벼워져서 하늘로 올라가고, 이 곳을 메우기 위해 둘레의 바다로부터 육지를 향하여 습한 공기가 흘러들어온다. 이렇게 해서 계절풍이 생기는 것이다.

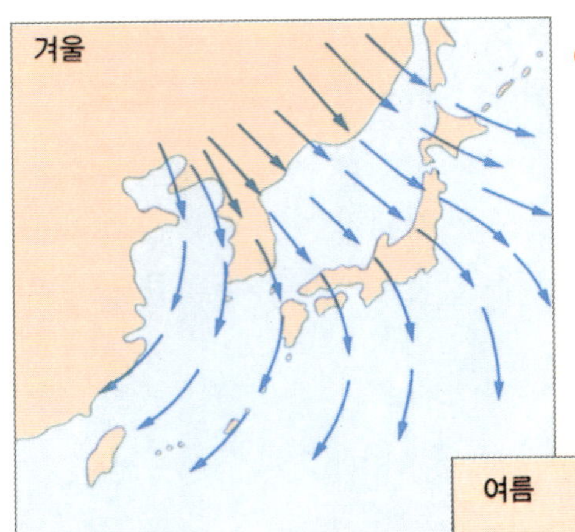

◀ **겨울의 계절풍**—겨울에는 내륙의 차가워진 공기가 태평양 쪽으로 부는 북서풍이 많이 분다.

▶ **여름의 계절풍**—태평양의 공기가 더워진 내륙 쪽으로 부는 남동풍이 많이 분다.

　가을이 되면 아시아 내륙은 둘레의 바다보다 먼저 식어, 겨울에는 바다보다 훨씬 낮은 온도로 내려간다.

　따라서, 내륙의 기압이 높아져 기압이 낮은 바다를 향해서 건조한 계절풍이 불게 된다.

　남아시아나 동아시아에서는 계절풍이 많이 분다. 그래서 배를 타고 먼 나라와 무역을 하는 사람들은 인도양을 왕래할 때, 계절에 따라 바뀌는 풍향의 변화를 이용하기도 했다.

　즉, 겨울 동안에는 인도에서 아프리카로 가고, 여름에는 반대 방향으로 항행하였다.

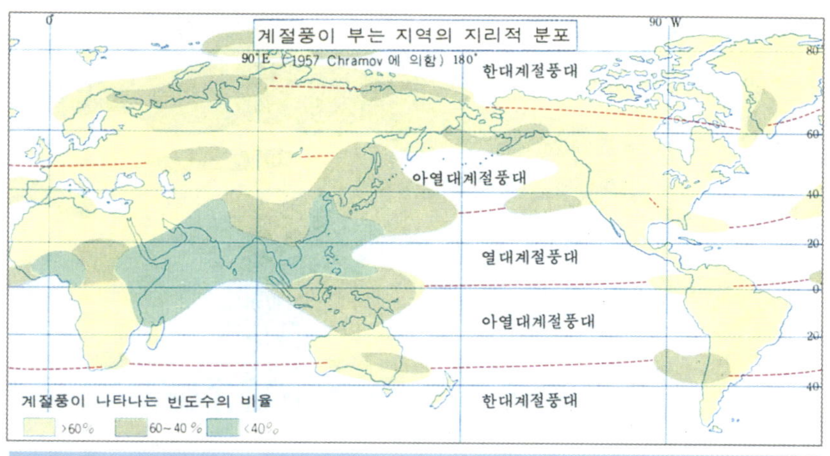

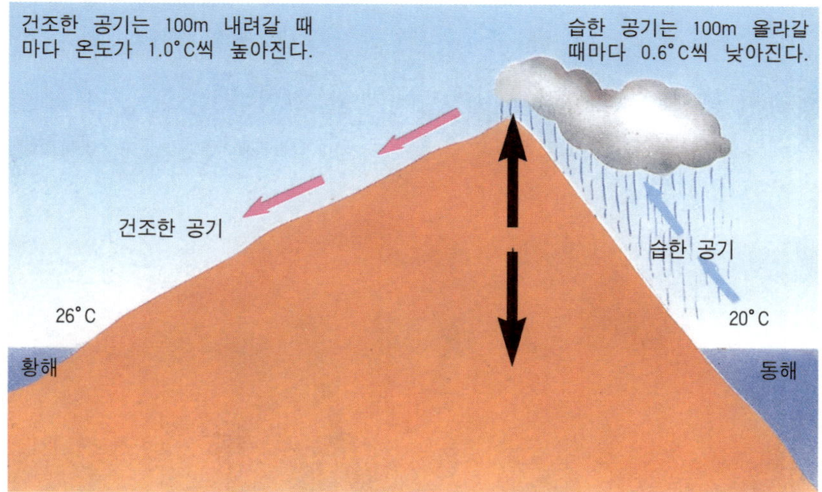

🔺 **높새 바람**─습기가 많은 동해안의 고기압이 태백 산맥을 넘으면서 온도가 높고 건조해진다.

● 회오리바람

회오리바람은 공기의 길다란 소용돌이로서, 육지, 바다 등 장소를 가리지 않고 일어난다. 저기압이나 태풍은 대규모의 공기 소용돌이이지만, 회오리바람은 이에 비하면 매우 작은 소용돌이이다. 지름은 평균 300~400미터 정도가 된다.

수명도 짧아서 몇 분에서 길어야 30분 정도밖에 되지 않는다. 따라서, 지면이나 해면을 수 킬로미터에서 80킬로미터 정도 지나다 이내 사라져 버린다.

저기압이나 태풍의 회오리바람은 북반구에서는 대개 시계 바늘과 반대 방향으로 돌지만, 반대 방향으로 도는 것도 있다.

회오리바람은 이와 같이 규모는 작으나 힘이 세다. 대개 소용돌이치는 바람의 속도는 태풍과 비슷하거나 그 이상이 되는데, 때로는 그 속도가 매초 100미터(시속 360킬로미터)나 되는 경우도 있다.

그러므로 회오리바람이 지나는 곳에는 집이 무너지는 등 커다란 피해가 발생한다. 또 중심부의 기압이 매우 낮기 때문에, 마치 거대한 진공 청소기가 쓰레기를 빨아들이듯 지나는

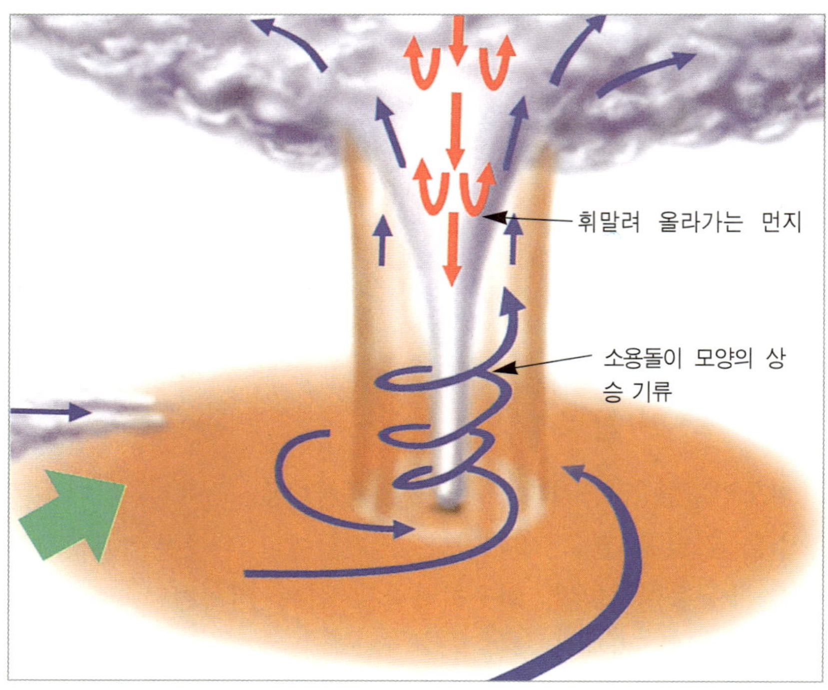

길에 있는 물체들을 공중으로 빨아올리기도 한다. 때로는 바닷물이나 호숫물을 빨아올려 물고기 등을 먼 곳으로 옮겨 놓기도 한다.

회오리바람이 생길 때는 적란운, 즉 뭉게구름의 아래쪽에서 검은 깔때기 모양의 구름이 나온다. 이 깔때기 모양의 구름이 차츰 아래로 늘어나, 마침내 지면이나 수면까지 도달되면 회오리바람이 되는 것이다.

그 회오리바람 속에서는 공기가 심하게 소용돌이를 치고, 중심에서는 아래 공기가 빨리 올라가 팽창되어 식어진다. 이 때문에 수증기가 응결하여 깔때기 모양의 구름이 생기는 것이다.

회오리바람은 사계절을 통해 언제나 일어나지만 특히 봄과 여름에 많다. 그리고 밤보다 낮에 생기기 쉽다. 육상이나 바다 또는 호수에서도 일어나고, 육상에 생긴 회오리바람이 바다로 옮아가는 일도 있다.

● 태 풍

태풍은 큰 공기의 소용돌이로서, 열대 지방의 바다 위에 생기는 강한 저기압이다. 이 태풍은 센 바람 외에 많은 비를 내리는 일이 많으며, 때로는 번개를 치거나 우박을 내리는 일도 있다.

태풍의 반지름은 수백 킬로미터나 되지만, 두께는 그 수십 분의 1로, 회전하는 원반 모양을 하고 있다.

여름의 끝 무렵부터 가을에 걸쳐 태평양이나 대서양의 열대 바다에서는 저기압이 일어난다. 이 저기압은 처음에 서쪽으로 나아가나 지구 자전의 영향으로 진로가 오른쪽으로 굽어지기 때문에 마침내 북쪽으로 향하게 되고, 최후에는 아시아 대륙이나 북아메리카의 동해안을 따라 동북쪽으로 나아간다.

이 열대 저기압은 바다 위를 나아가는 동안 더욱 발달하여 중심의 기압은 매우 낮아진다.

이 둘레를 소용돌이치는 바람의 속도도 가해져, 바람이 부는 범위도 넓어진다. 이 바람을 미국에서는 허리케인이라고 부른다.

태풍의 중심 가까이를 부는 바람의 속도는 매초 30미터에서 50미터 이상(시속 110킬로미터에서 180킬로미터), 최대 순간 풍속은 매초 약 80미터가 되는 일도 있다.

🔺 **토네이도**─미국 중남부 지방에 부는 커다란 회오리바람이다.

태풍에서 재미나는 일은, 가장 중심되는 부분에는 바람이 없어서 매우 조용하다는 사실이다. 이 곳을 '태풍의 눈'이라고 하는데, 지름은 대략 10킬로미터이다.

어느 곳에 태풍의 눈이 지나게 되면, 여태껏 그렇게 심했던 바람이 갑자기 조용해져 태풍이 지나가 버렸는가 하고 착각할 정도이다.

그러나 이 태풍의 눈이 지나가면 바람은 다시 전과 같이 심해진다. 그러나 이 방향은 태풍의 눈이 지나기 전의 바람의 방향과 정반대가 된다. 또, 이로부터 태풍의 눈을 중심으로 원을 그리면서 빙빙 도는 바람이 부는 일도 있다.

🔺 태풍의 소용돌이

● 기 단

전선의 양쪽으로 뻗친 더운 공기와 찬 공기는 보통 수천 킬로미터쯤 되는 큰 덩어리를 이루고 있다. 이 공기의 덩어리를 '기단(氣團)'이라고 한다.

기단의 성질을 보면, 같은 기단 속에서는 온도나 수증기의 양이 비슷하나, 기단과 다른 기단의 갈림목의 전선 언저리에서는 갑자기 변한다.

기단 가운데 높은 위도에서 낮은 위도로 깔려 있는 것은 그 곳의 지면의 온도보다 차가운 만큼 찬 기단이라고 한다. 반대로, 낮은 위도에서 높은 위도로 깔려 있는 것은 그 곳의 지면보다 따뜻하므로 더운 기단이라고 일컫는다.

● 기단이 생기는 까닭

공기가 바다 위나 사막, 또는 눈이 덮인 대륙의 하늘에 얼마 동안 멈추어 있으면 겉면으로부터 열과 수증기가 뒤섞이게 된다. 이 때, 넓은 지역을 덮고 있는 공기가 수평 방향으로 생긴다. 또한 고기압이 덮고 있는 장소에서도 기단이 생기기 쉽다.

고기압에서는 공기가 항상 퍼져 나가려고 하기 때문에, 처음 100킬로미터 떨어진 곳까지 온도 차이가 2도였던 것이, 400킬로미터 떨어진 곳까지 2도 차이로 퍼져 나가 기온 경도가 늘어나게 된다.

한편, 바다에서 생기는 기단은 습기를 많이 포함하고 있기 때문에 비교적 축축하고, 대륙에서 생기는 기단은 건조한 것이 일반적이다.

● 기단의 여러 가지

기단이 생기는 위도에 따라 '적도 기단', '열대 기단', '한대 기단', '북극 기단'의 4가지가 있다.

그 밖에 바다와 육지에 의해서 '해양성 기단'과 '대륙성 기단'이 있고, 그 지방의 평균 온도에 따라 '난대 기단'과 '한대 기단'으로 나누어진다.

우리 나라에 몰려오는 기단의 특성을 살펴보면, 시베리아 기단(대륙성 한대 기단)은 겨울철에 찬 북서 계절풍에 실려 오므로 춥고 메마르다.

오호츠크 해 기단(해양성 한대 기단)은 대개 장마철에 오호츠크 해로부터 밀려오는 차고도 축축한 기단이다. 그리고 양쯔 강 기단(대륙성 한대 기단)은 봄과 가을에 불어 오는 기단인데,

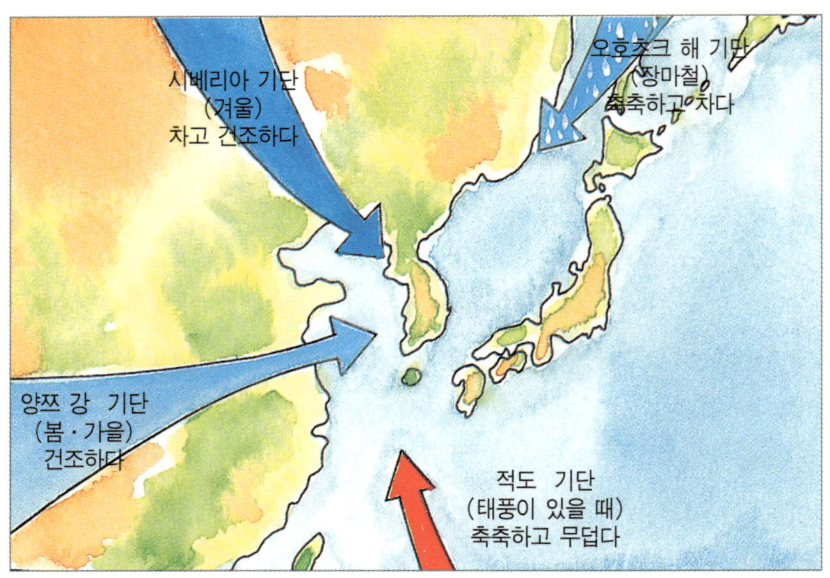

🔺 우리 나라에 영향을 미치는 여러 가지 기단

🔺 저기압이 계속 정체해 있으면 흐리고 비가 오는 날씨가 된다.

가끔 서해의 고기압이나 저기압에 많은 영향을 끼친다.

　이 밖에 적도 기단(해양성 적도 기단)은 여름철에 태풍을 동반하는 기단으로, 매우 따뜻하고 습기 찬 공기이다.

구 름

● 구름이 생기는 원리

구름은 공기 속의 수증기가 식어서 작은 물방울이나 얼음 알갱이로 되어 많이 모여 있는 것이다.

이 공기가 식어서 구름이 되는 방법에는 다음과 같은 것이 있다.

◆ 상승 기류에 의해서 생긴다.

지면에서 데워진 공기가 높이 올라가면 상공에서 식어져 물방울이 되어 구름이 생긴다.

◆ 바람이 산을 타고 올라가서 생긴다.

산을 타고 올라간 공기는 높은 곳에서 역시 식어져 물방울이 되어 구름이 된다.

◆ 전선면에서 생긴다.

따뜻한 공기와 찬 공기가 맞닿는 곳에서는 따뜻한 공기가 찬 공기 위로 높이 밀려 올라가 식어서 구름이 된다.

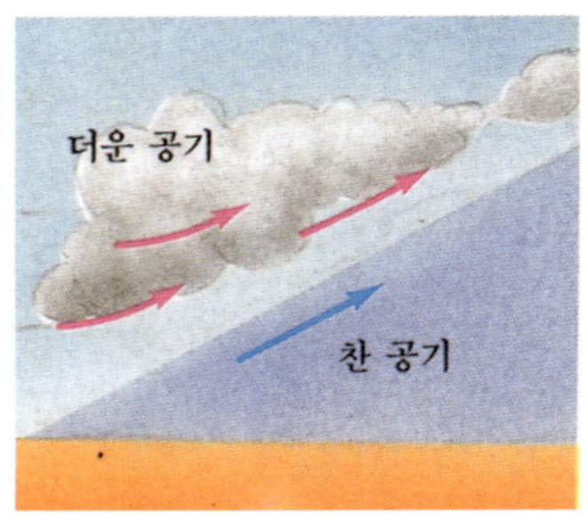

● 구름이 공중에 떠 있는 까닭

수증기를 포함한 공기가 공중으로 올라가면 차츰 식어져, 여분의 수증기는 액체로 변하여 작은 물방울이 된다. 또 온도가 더욱 낮아지면 이 물방울은 마침내 얼음 알갱이로 되는데, 이 작은 물방울이나 얼음 알갱이가 떠 있는 것이 구름이다.

물방울의 구름은 비교적 낮은 곳에 떠 있고, 얼음 알갱이의 구름은 높은 곳에 떠 있다.

그런데 어느 구름도 보이는 모양에는 특별한 차이가 없다. 구름이 여러 가지 모양이나 구조를 가지는 것은 구름이 생기는 높이와 온도가 다르기 때문이다.

🔺 구름은 응결된 수증기가 몰려 있는 것이다.

모양이나 구조가 다른 구름은, 각각의 구름을 이루는 알갱이의 종류나 크기, 단위, 부피의 알갱이 수 등이 다르다.

구름을 이루는 물방울이나 얼음 알갱이는 매우 작아서, 지름이 1밀리미터의 100분의 1 정도밖에 되지 않는다. 즉, 100만 개 모여서 겨우 1그램 정도 된다. 이렇게 가볍기 때문에 공기 속에서는 1초 동안에 수 센티미터밖에 아래로 떨어지지 않는다. 그래서 바람에 날려 올라가거나 내려가거나 해서 공중에 머물러 있게 되는 것이 있다.

● 구름의 종류

가장 높은 구름은 야광운이다. 이것은 불에 그슬린 은 빛깔과 같은 모양을 하고 있다. 지상에서 50~80킬로미터의 높이에 나타난다.

다음으로 높은 구름은 진주운이다. 지상 20~30킬로미터의 높이에 생기며, 매우 엷고도 아름다운 구름이다. 해 뜨기 직전이나 해가 진 바로 뒤에만 보인다.

진주운 다음으로 높은 구름은 상층운이다. 지상에서 8킬로미터나 그 이상의 높이에서 생긴다. 권운, 권층운, 권적운의 3종류가 있다.

상층운 아래에 생기는 구름은 중층운이며, 물방울로 되어 있다. 그 중 높은 쪽이 고적운이며, 지면에서 3~6킬로미터 높이에 있다.

이보다 조금 낮은 곳에 나타나는 것이 고층운이다. 하층운은 중층운보다 아래에 있는 구름이다. 그리고 지면에서 1, 2킬로미터 높이에는 큰 덩어리나 결 모양이 섞어진 막과 같은

🔺 **고층운**—막을 친 듯한 두꺼운 잿빛 구름으로 비가 오기 쉽다.

성층운이 있다.

　같은 높이에 생기는 난층운은 비구름으로, 두껍고 검으며 일정한 모양을 이루지는 않는다.

　그리고 가장 낮은 지면에서 수백 미터가 되는 곳에 층운이 생기는데, 이것은 안개의 층이다.

　이 밖에 적운과 적란운이 있다. 이것은 하늘 하층으로부터 중층, 상층까지 솟아오르는 구름이다. 소위 뭉게구름으로 불리우는 이 적란운은 뇌우나 우박, 돌풍을 동반하는 일도 있다.

권 운

흔히 가을부터 겨울 사이의 맑은 날에 많이 보이며, 태풍이나 천둥이 가까워질 때에도 보인다. 모양이 새의 깃털과 비슷해서 '새털구름'이라고도 한다.

권적운

둥그스름한 모양의 작고 하얀 덩어리가 많이 모인 것 같은 구름이며, 때때로 녹색과 분홍색의 테 모양이 가장자리에 생기기도 한다.

'비늘구름' 또는 '흰 차일구름'이라고도 한다.

권층운

엷게 퍼진 흰 구름으로 하늘이 하얗게 보인다. 이 구름을
통해서 해나 달을 보면 햇무리나 달무리가 보이므로 '햇무리
구름'이라고도 한다.

고적운

권층운과 모양이 비슷하나 둥글게 보이는 큰 덩어리가 줄지
어 보이므로, 이 구름을 '면화구름' 또는 '양떼구름'이라고도
한다. 이 구름이 나타나면 날씨가 계속 좋아진다고 한다.

고층운

막을 친 것처럼 하늘을 덮고, 잿빛이 감도는 두꺼운 구름이다. 이 구름을 통하여 해나 달을 보면 희부옇게 어렴풋이 보이며, 비가 오기 쉽다. '회색 차일구름'이라고도 한다.

층적운

큰 덩어리로 이루어진 검은 구름으로, 낮은 곳에서 생기며, 비가 오기 쉽다. '두루마리구름'이라고도 한다.

층 운

같은 모양이 여러 층으로 이루어진 잿빛의 구름이다. 안개
와 비슷하다고 해서 '안개구름' 이라고도 한다.

난층운

매우 낮은 곳에 생기는 어두운 구름이며, 비를 잘 내리므로
'비구름' 이라고도 한다.

적 운

여름철 더운 날에 잘 나타나며, 상승 기류에 의해서 생기는 구름이다. '뭉게구름'이라고도 한다.

적란운

이 구름이 나타나면 천둥이 치기 시작하고, 세찬 소나기가 쏟아지므로 '소나기구름'이라고도 한다.

● 구름의 관측

구름의 관측은 하늘에 있는 구름의 양과 모양, 구름의 진행 방향을 조사하는 것이다.

구름의 양

구름이 하늘 전체에 대해 어느 정도(0~10)를 덮고 있는가를 재는 것을 '운량'이라고 한다. 즉 구름이 하늘 전체를 덮고 있을 때를 운량 10, 반 정도 덮고 있을 때를 운량 5, 구름이 조금도 없을 때를 운량 0이라고 한다.

기상대에서는 운량을 기준으로 하여 날씨를 정하고 있다. 즉 운량 0~2까지를 맑음, 운량 3~7까지를 갬, 운량 8~10까지를 흐림으로 나타낸다.

구름의 모양

구름의 관측은 그 모양이나 생기는 방법에 따라 10종류의 운형으로 분류하여 실시한다. 그런데 구름의 모양에는 이 10종류만으로서는 판단할 수 없는 것이 있다. 이럴 때는 우선 어느 것이 어떤 운형에 속하는가를 관측한 다음, 어떻게 해서도 판단되지 않을 때는 모양을 그림으로 그려 놓는다

구름의 움직임

구름은 항상 움직인다. 구름이 움직여 오는 방향을 운향이라고 한다. 북, 북동, 동, 남동, 남, 남서, 서, 북서의 8방위에 대해서 관측한다.

태풍이 가까이 왔을 때 구름이 움직이는 방향을 관측하면, 태풍의 위치를 알아보는 데 도움이 된다.

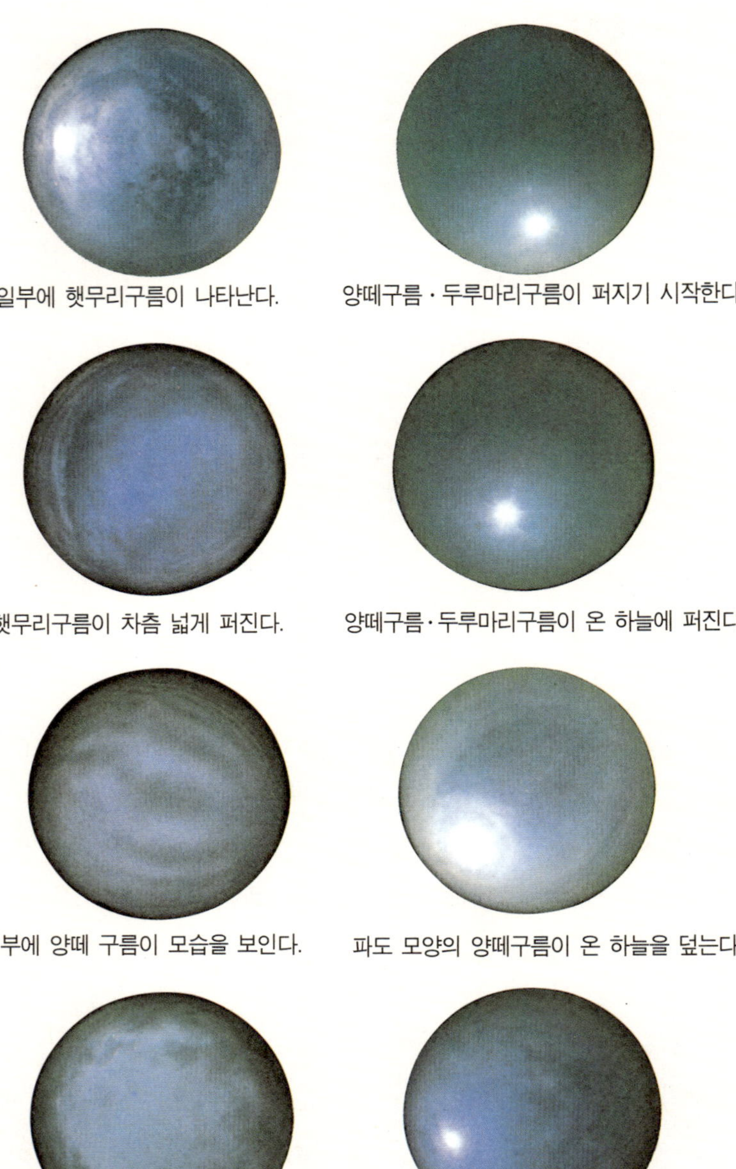

일부에 햇무리구름이 나타난다.

양떼구름·두루마리구름이 퍼지기 시작한다.

햇무리구름이 차츰 넓게 퍼진다.

양떼구름·두루마리구름이 온 하늘에 퍼진다.

일부에 양떼 구름이 모습을 보인다.

파도 모양의 양떼구름이 온 하늘을 덮는다.

햇무리구름 아래 양떼구름이 나타난다.

비구름이 퍼지고 비가 내린다.

🔺 하루 동안 변하는 구름의 양

비

● 빗방울의 구성

비는 구름에서 내린다. 그러나 어떤 구름에서나 내리는 것은 아니다. 비를 내리는 구름은 온도가 낮고, 위쪽에 작은 얼음의 알갱이가 많이 생긴다.

이 얼음의 알갱이가 구름 속을 지나서 내려오는 도중 둘레의 얼음 알갱이와 수증기를 부착시켜 보통 얼음 알갱이보다 10배 정도의 크기로 되면, 무거워서 마침내 떠 있지 못하게 된다. 따라서, 이 알갱이는 떨어지면서 녹아서 비가 되어 내린다.

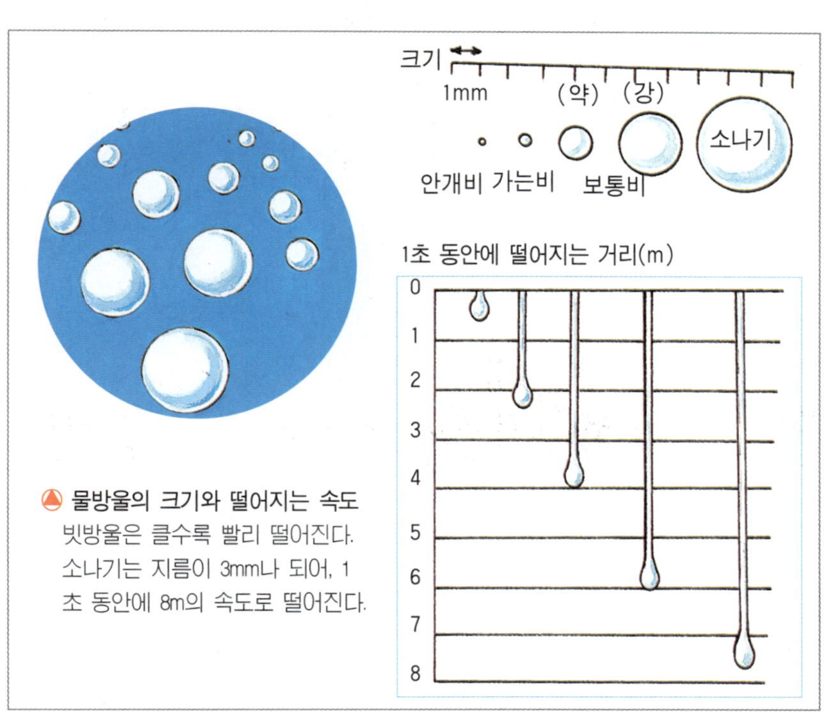

🔺 물방울의 크기와 떨어지는 속도
빗방울은 클수록 빨리 떨어진다. 소나기는 지름이 3mm나 되어, 1초 동안에 8m의 속도로 떨어진다.

① **따뜻한 비** : 상층까지 기온이 높기 때문에 얼음 알갱이가 없이 물방울만으로 이루어진 구름에서 내리는 비이다. 열대 지방이나 여름에 많이 볼 수 있으며 빗방울이 매우 크다.

② **찬 비** : 구름 상층의 얼음 알갱이에 수증기가 달라붙어서 승화하면서 얼음 알갱이가 커져서 무거워진다. 이것이 낙하하다가 녹아서 내리면 찬 비가 된다.

③ **눈** : 얼음 알갱이에 $0°C$ 이하가 된 수증기가 달라붙어서 녹지 않고 내리면 눈이 된다. 내리던 눈이 여러 개 달라붙으면 함박눈이 된다.

본래의 빗방울은 거의 순수한 물로 되어 있으나, 아래로 내려오는 도중에 공기 속의 그을음이나 먼지, 세균 등이 들어가게 되고, 또 초산이나 암모늄 등이 포함되기도 한다. 따라서, 빗물을 그릇에 받아 오래 두면 잘 썩는다.

● 비가 내리는 원인

◆ 저기압이 생기기 때문에

저기압의 중심에서는 상승 기류가 생겨서 위로 올라간다. 이 때 공기 속의 수증기가 물방울로 맺혀서 구름이 된다. 이리하여 구름이 많이 모이면 비가 되어 땅에 떨어지게 된다.

▲ 저기압에서 내리는 비

◆ 더운 공기와 찬 공기가 맞닿을 때

더운 공기가 찬 공기 위로 밀려 올라가면 더운 공기는 식어서 구름이 되고 다시 비를 내리게 된다. 이것을 가리켜 '온난 전선에 의한 비'라고 한다.

또 찬 공기가 더운 공기 아래로 파고들어갈 때도 더운 공기가 식어서 구름이 되고 비가 내리게 된다. 이 비를 '한랭 전선에 의한 비'라고 한다.

🔺 온난 전선에 의한 비

🔷 산비탈을 따라 공기가 올라갈 때

산 위로 올라간 공기는 식어서 구름이 되고, 이 구름이 많이 모여서 비를 내리게 한다.

그런데 이 비를 내린 구름이 산을 넘어가면 매우 건조해진다. 이 건조한 공기로 된 바람을 높새바람이라고 한다.

🔺 산비탈로 인한 비

● 장 마

우리 나라는 매년 6월 중순이 되면, 남쪽의 습한 공기와 북쪽의 찬 공기가 우리 나라 남쪽 지방에서 맞닿아 비가 내리게 된다. 이러한 날씨가 약 한 달 정도 계속되는데, 이를 가리켜 장마라고 한다.

그리고 이 장마 전선은 차츰 북쪽으로 이동하여 7월 초순께가 되면 끝나고 이내 무더운 여름 날씨가 계속된다.

● 장마철에는 두루마리구름이 온 하늘을 뒤덮으며 비가 계속 내린다.

　장마철에 내리는 강우량은 1년 강우량의 30퍼센트를 차지하는데, 매일 비가 내리는 것은 아니지만, 때로는 큰비가 내려 수해를 입기도 한다.

● 집중 호우가 생기는 원인

　집중 호우는 어떤 기상 상태일 때 일어나는 것일까? 여러분은 집에 있는 목욕탕 물이 어떻게 하여 데워지는지 생각해

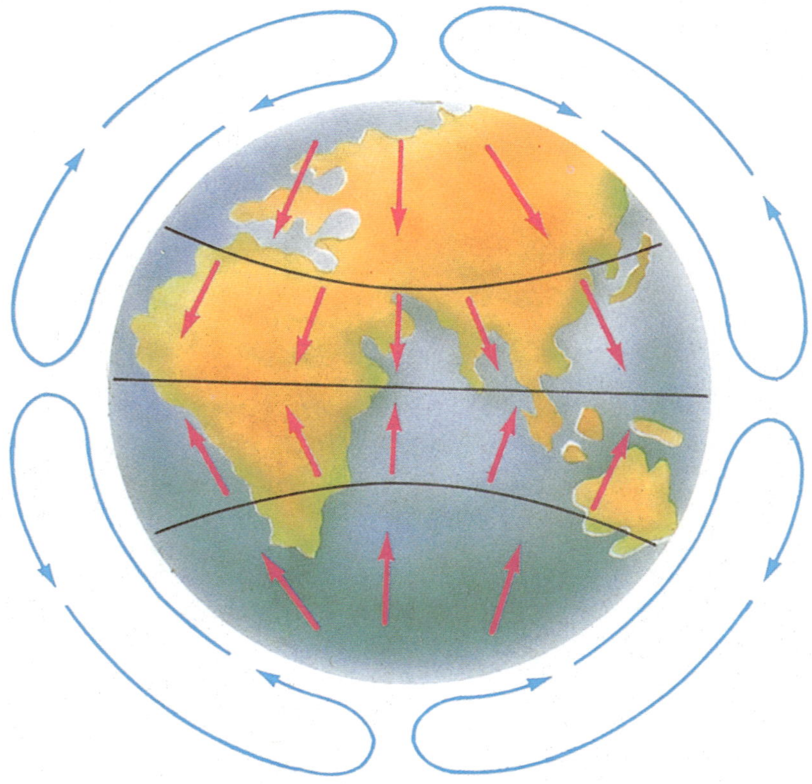

　🔻 지구가 자전하지 않고 지구의 온도 분포가 현재와 같으며 지표면이 균일하다고 가정할 때, 지구상에 나타날 수 있는 대기 순환의 모습을 그린 가상도이다.

보았는가?

목욕탕의 물이 데워지는 것은 열의 대류 작용에 의해서 일어나는 것이다. 즉, 아래에서 데워진 물은 그 부분의 온도가 올라가서 밀도가 작아지기 때문에 부력에 의해서 상승한다. 상승하면 그 부분을 메우기 위해 둘레의 물이 흘러들어간다. 수면 가까이까지 상승하여 더워진 물은 둘레로 퍼진다. 이러한 열의 대류 작용이 되풀이되어 목욕탕의 물이 데워지는 것이다.

구름도 이와 같은 이치로 만들어지는 것이라고 할 수 있다. 지면 가까이에 있는 공기가 햇빛을 쬐어 데워져 상승하였다가

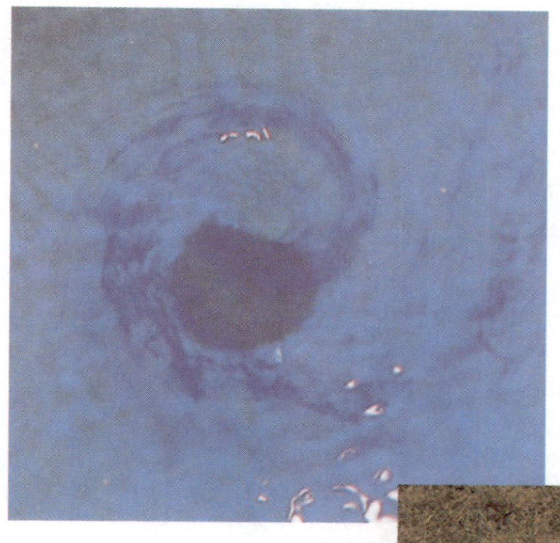

◐ 전향력에 의해 빙빙도는 욕조의 물—지구에서 물체의 진행 방향을 오른쪽이나 왼쪽으로 약간 치우치게 하는 힘을 전향력이라 한다. 전향력은 바람의 방향이나 바닷물의 흐름에도 영향을 끼친다.

▶ 증발계—물의 증발량을 재는 기상 관측 기구이다.

상공에서 식어져서 구름이 되는 것이다.

여러분이 잘 알고 있는 뭉게구름이나 새털구름도 이렇게 해서 생긴 것이다.

구름은 매우 높은 곳에 있는 것처럼 보이지만 가장 높은 구름도 지상에서 겨우 10킬로미터 높이 정도밖에 되지 않는다. 즉 그 이상은 올라가지 못하는 것이다.

지구를 둘러싼 대기는 이 대류라고 하는 세로의 움직임(상승·하강) 외에 가로(수평)로도 움직인다. 여러분이 잘 알고 있는 기단, 제트 기류, 무역풍 등이 그러한 것이다. 전문가들은 이러한 움직임을 '파동'이라고 일컫는다.

이 가로로 움직이는 공기의 흐름은 세로의 움직임보다 훨씬 빠르고 범위도 넓다. 가령, 이동성 고기압이 수평으로 넓혀지는 상태를 보더라도 그 범위가 무려 5,000킬로미터나 되는

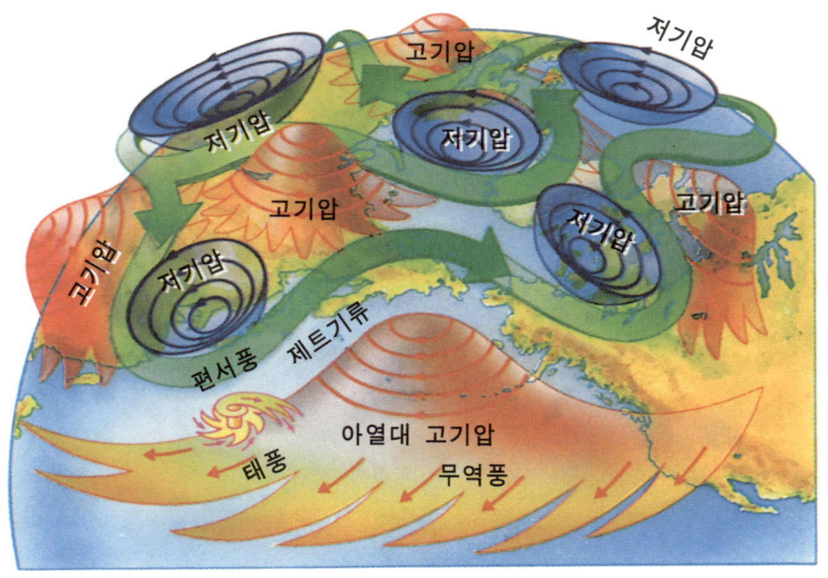

🔺 북반구 대류권의 대기 대순환

🔺 기상 위성이 찍은 지구의 구름 분포도

일이 있다.

　기류의 가로 움직임은 지구가 자전하는 일, 지구에 바다와 육지가 있고, 해안이 들쭉날쭉하며, 지구가 태양으로부터 열을 받고 있는 등의 원인에 의해서 일어난다.

　고기압이나 저기압이 생기거나 전선이 생겨 비가 내리거나 하는 기상 현상은, 이 가로·세로의 공기의 움직임이 여러 가지로 조합되어 일어나는 것이다.

　집중 호우가 발생하는 원인도 이와 비슷하다. 즉 공기의 가로 움직임·대류 현상·메소 고기압이나 저기압(극히 좁은 범위를 덮는 고기압과 저기압)·불안정한 전선·국지풍(극히 좁은 지역에서만 부는 바람) 등이 복합적으로 작용하여 일어나는 현상이다.

이를테면 저기압으로 되어 비가 내리는 그 속에 뇌운이 발생하여 큰 비를 내리거나, 전선에 실려진 저기압이 전선을 자극하여 심한 비를 내리는데, 이것이 집중 호우이다.

우리 나라에서 1998년 여름, 경기도 파주, 의정부 일대에 내린 집중 호우는 엄청난 인명 피해와 재산 피해를 가져왔다.

● 우량을 재는 법

하늘에서 내려온 비의 양을 '우량'이라고 한다.

비에는 우박, 싸락눈, 눈 등이 함께 섞여 있는 일도 있고, 눈이나 우박만 내리는 경우가 있다. 눈이나 우박 등 고체는 물로 녹여서 재는데, 물을 비롯한 이 모든 것의 양을 '강수량'이라고 한다. 강수량은 우량을 재는 우량계를 이용하여 잰다.

우량을 간단히 재려면 평평한 곳에 수조를 놓고, 여기에 괸 빗물을 자를 이용하여 잰다. 그러나 바람이 세게 불거나 비가 심하게 내릴 때는 이것으로 정확한 관측을 하기 어렵다.

보통 사용되고 있는 우량계는 지름 20센티미터, 높이 60센티미터의 원통형으로 물받이, 깔때기, 저수병, 양동이로 되어 있다. 이 우량계를 빗방울이 튀지 않는 곳에, 지면 20센티미터의 높이로 그림과 같이 파묻어 놓는다.

비가 올 때 수수기로 들어간 빗물은 깔때기를 지나 저수병으로 들어간다. 저수병 둘레의 양동이는 큰 비가 내릴 때 저수병에서 넘쳐 흐른 빗물을 받기 위한 것이다.

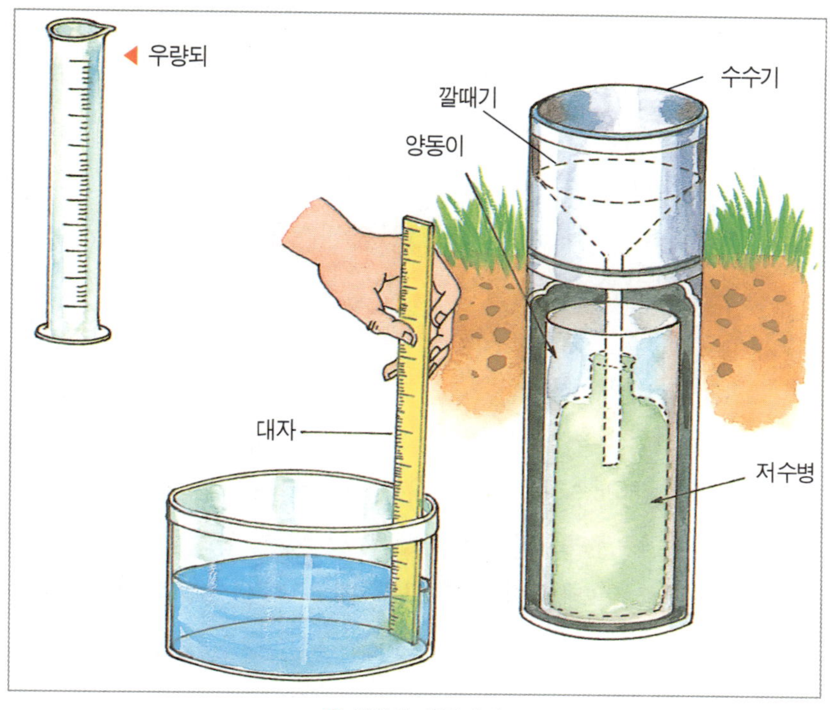

🔺 간단한 우량재기

우량을 재려면 유리 제품의 눈금이 있는 '우량되'를 사용한다. 우량되의 눈금은 지름 20센티미터의 물받이에 상응되도록 새겨져 있다. 그러므로 액체의 부피를 재기 위한 눈금 실린더와는 다르다. 우량되가 파손되었을 때는 눈금 실린더로 대용할 수 없다. 우량되에는 강수량을 밀리미터로 나타내도록 눈금이 새겨져 있기 때문이다.

기상대나 측후소에서는 매일 오전 9시에 우량계로 강수량을 관측하고, 그 값을 전날의 강수량으로 기록한다. 예를 들면, 7월 3일 오전 9시에 잰 강수량은 7월 2일의 오전 9시로부터 3일의 오전 9시까지의 강수이지만, 이것은 7월 2일의 강수량으로 해서 기입한다.

우량계를 사용할 때의 주의점

◈ 가장 중요한 일은 우량계를 놓는 장소 가까이에 나무나 건물이 있으면 강수량에 영향을 주므로 넓고 평평한 곳에 우량계를 설치해 놓도록 한다.

◈ 우량계를 묻어 놓은 둘레에는 잔디를 심어 빗방울이 튀어 들어가는 것을 막도록 한다.

◈ 우량되의 눈금을 읽을 때는 수면과 눈의 높이가 수평이 되도록 해서 읽는다.

◈ 우량되의 수면은 표면 장력 때문에 복판이 낮아져 있는데, 이 낮아져 있는 곳의 눈금을 읽는다.

◈ 우량은 10분의 1밀리미터까지 읽는다.

◈ 강수량이 0.1밀리미터도 되지 않을 때는 0.0밀리미터라고 기록하고, 강수량이 전혀 없을 때는 강수량 난에 빗금을 그어 놓는다.

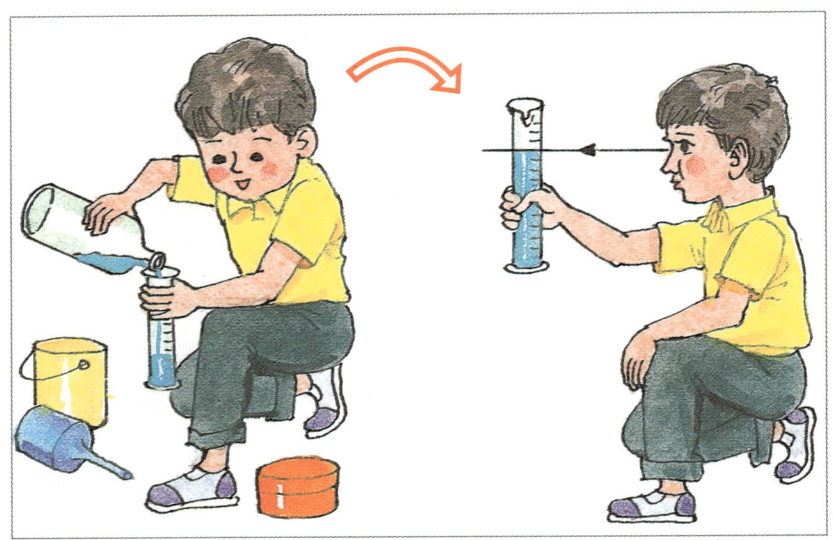

◑ 우량되의 눈금을 읽을 때는 수면과 눈의 높이가 수평이 되도록 한다.

로봇에 의한 우량 관측

사람이 일일이 관측하기 어려운 깊은 산 속 같은 곳에서는 무인 로봇 관측기를 사용하여 우량을 잰다.

로봇 지붕의 물받이로부터 흘러들어온 빗물을 작은 되로 받고, 그 양이 0.5밀리미터 또는 1밀리미터로 되면 시소식으로 되가 기울어져 물을 엎질러 버린다.

이 엎질러진 물은 자동적으로 기록되어, 시간이 되면 무선에 의하여 기상대로 알려 주도록 되어 있다.

🔺 **무선 로봇 우량계**—깊은 산 속 등에 설치해 자동으로 강수량을 측정해 기상대에 알려 준다.

🔴 **우량계**—강우량을 재는 기계로 단위는 밀리미터이다.

●인공 강우

인공으로 비를 내리게 하는 실험은 최근 각국에서 많이 실시되고 있다.

어떻게 해서 비가 내리게 만드는 것일까?

⬤ 구름 관측기—비를 내리려면 구름의 얼음 알갱이의 반지름이 0.5mm 이상이 되어야 한다.

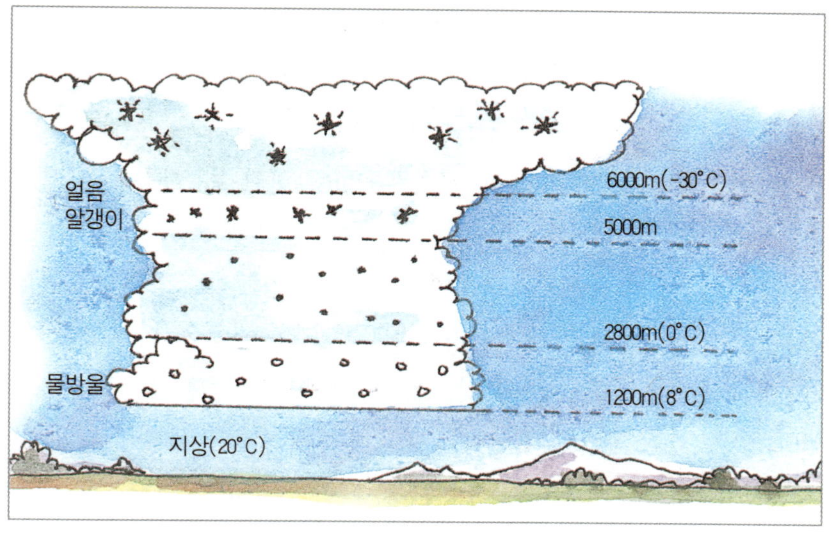

　구름의 얼음 알갱이는 0.002~0.1밀리미터로 매우 작기 때문에 공중에 떠 있을 수 있으나, 이 이상 커지면 무게를 지탱할 수 없어서 마침내 떨어지게 된다. 이것이 비이다. 그러나 하늘에 구름이 많이 끼어 있다고 해서 비가 내리지는 않는다. 하늘에 떠 있을 뿐 비로 변하지 않는 구름도 있기 때문이다.

　그러면 비를 내릴 수 있는 빗방울은 어떻게 만들어질까?

　이를테면 반지름이 0.005밀리미터가 되는 얼음 알갱이가 반지름이 0.5밀리미터의 빗방울로 되려면 백만 개의 알갱이가 순간적으로 합쳐지지 않으면 안 된다.

　그런데 구름의 얼음 알갱이는 응결핵을 중심으로 하여 이루어진 것이고, 처음부터 큰 알갱이가 생기기도 한다. 또 온도가 다른 두 가지 구름이 뒤섞인다든지, 같은 구름이라도 위쪽 부분의 온도가 식어지는 일이 생기면 수증기의 응결이 활발해져 큰 알갱이와 작은 알갱이가 많이 생기게 된다.

　이 큰 알갱이는 아래로 내려오는 도중에 작은 물방울과

합해져 차츰 커지면서 마침내 빗방울이 되는 것이다.

그럼 먼저 적란운(소나기구름)에 대해서 설명해 보기로 하자.

구름의 밑쪽은 지상에서 약 1,200미터, 위쪽은 약 9,000미터의 높이에 걸쳐 있다. 따라서 위쪽은 얼음 알갱이, 밑쪽은 물방울로 이루어져 있다.

그런데 높이 2,800~5,000미터 사이는 온도가 영하인데도 물방울로 되어 있다고 한다. 이것을 '과냉각 물방울'이라고 한다.

이 과냉각 물방울은 실험으로도 만들 수 있다. 즉 한제(드라이 아이스와 소금의 혼합물)를 이용해서 만들 수 있다.

🔺 구름은 물이 열로 인해 증발된 수증기이다.

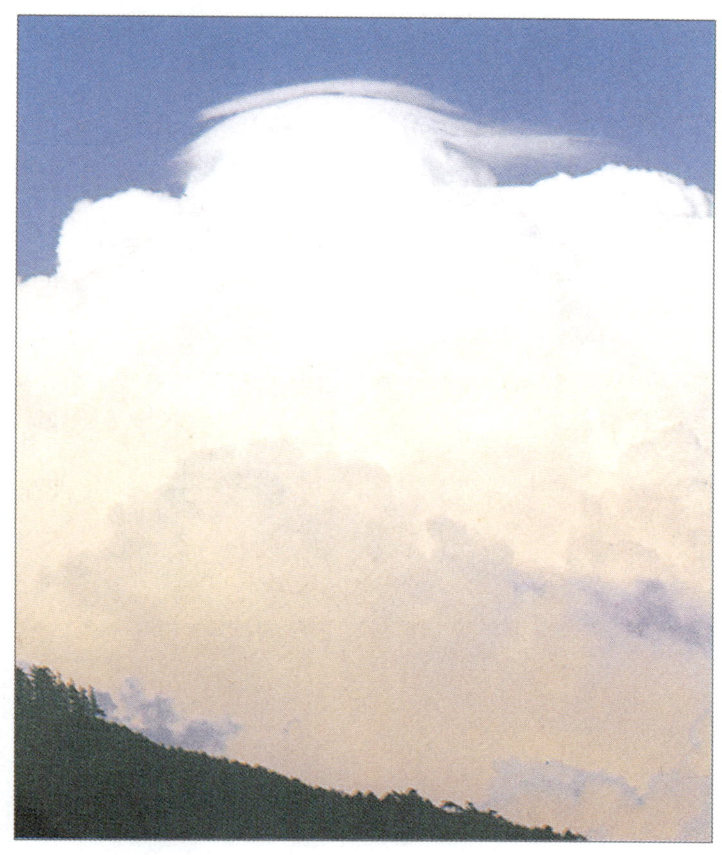

🔺 적란운―일명 '소나기구름'으로 천둥과 소나기를 동반한다.

　대기 중에서는 이러한 과냉각 물방울이 종종 일어나고 있는데, 더욱이 수직으로 발달한 적란운의 경우, 가장 높은 곳은 얼음 알갱이, 그 아래쪽은 과냉각 물방울이 서로 맞닿고 있다. 이 때 여기서 물방울이 증발하여 그 수증기가 위쪽의 얼음 알갱이에 붙어서 커지는 일이 생긴다.

　이렇게 해서 어느 정도 커진 얼음 알갱이는 마침내 무거워져서 아래로 내려오고, 이 알갱이는 아래쪽의 섭씨 0도 이상에서 녹아 물방울로 되어 떨어지게 되는데, 이것이 빗방울이다.

그러면 구름이 있어도 비를 내리지 않을 때, 어떻게 해서 비를 내리게 할 수 있을까?

앞에서 설명한 것과 같이, 비를 내리는 구름에는 얼음 알갱이가 큰 것이 섞여 있어야 한다. 자연적으로 생긴 구름에서 빗방울이 되지 못하는 까닭은 얼음 알갱이의 크기가 모두 같기 때문이다. 그러므로 이 때 인공적으로 조금 큰 물방울을 구름 속에 뿌려 주면 비를 내릴 수 있다.

실제로 오스트레일리아에서는 비행기에 물을 싣고 그 물을 뿌려서 물방울을 만들어 비를 내리게 하였다. 이 방법은 구름의 온도가 높아서 과냉각 물방울이 없을 경우에 효과가 있다고 한다.

⚠ 드라이 아이스에 의한 실험—드라이 아이스는 이산화탄소를 영하 78.5℃ 이하로 얼린 것이다.

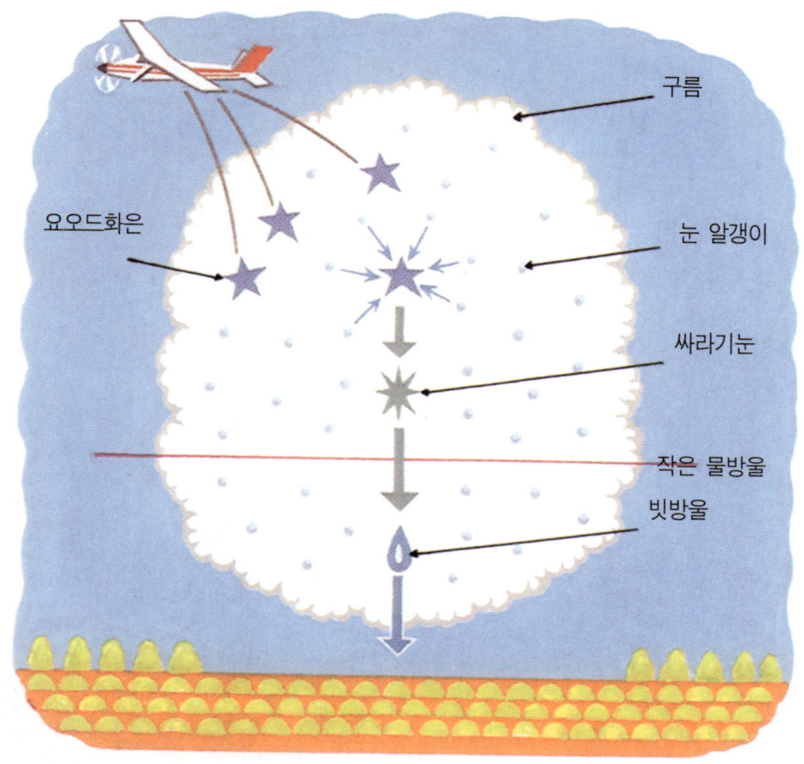

🔺 인공 강우

비를 내리게 하려면 또 한 가지 과냉각 물방울과 얼음 알갱이가 맞닿아 있어야 한다. 그리고 수증기가 응결하는 데는 응결핵이 필요한 것과 같이, 얼음 알갱이를 이루려면 역시 심이 되는 것이 필요하다.

그럼, 이 얼음 알갱이의 심은 어떻게 만들 수 있을까?

1946년부터 미국에서 여러 가지로 연구한 결과 드라이 아이스를 떨어뜨리는 방법을 개발했다.

그 밖에 요오드화은을 사용하는 방법도 알려졌다. 요오드화은을 숯덩이에 스며들게 한 다음 불을 피우면, 숯의 열에 의하여 요오드화은이 증발하여 작은 물방울이 된 다음 구름 속에 들어가게 된다.

이는 비행기를 이용하여 실시할 수도 있고, 지상에서 요오드화은을 가열하여, 그 연기를 구름 속으로 들어가게 하는 방법이 있다.

그런데 이 인공 강우법은 구름이 없을 때는 효과를 보지 못한다. 그 밖에도 여러 가지 어려운 문제가 있어서 아직 많이 이용되지는 못하고 있다.

● 무지개는 왜 생길까

무지개는 자연계의 아름다운 경치의 하나이다. 옛 사람들은 무지개가 어떻게 생기는지에 대해 매우 신비스럽게 여겼다.

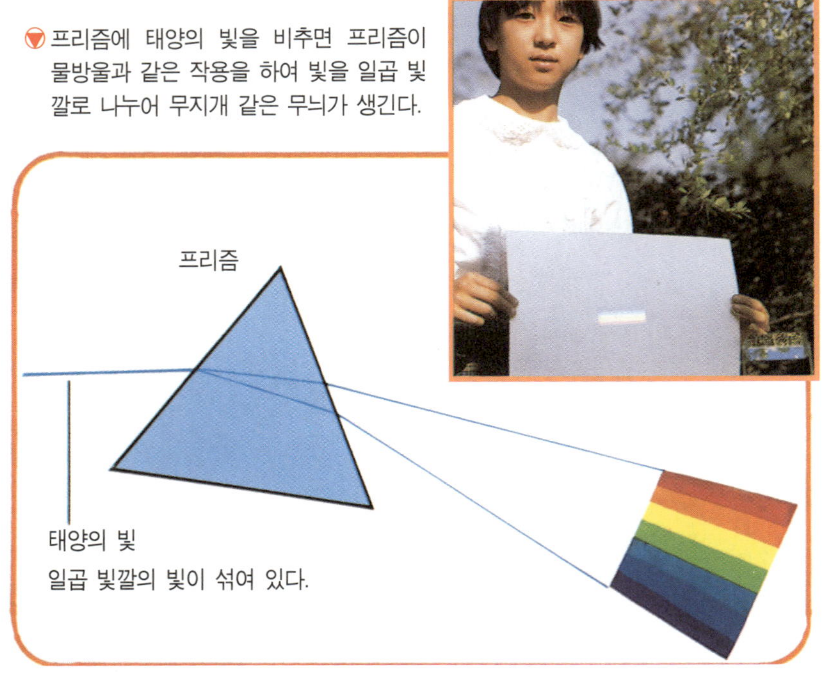

프리즘에 태양의 빛을 비추면 프리즘이 물방울과 같은 작용을 하여 빛을 일곱 빛깔로 나누어 무지개 같은 무늬가 생긴다.

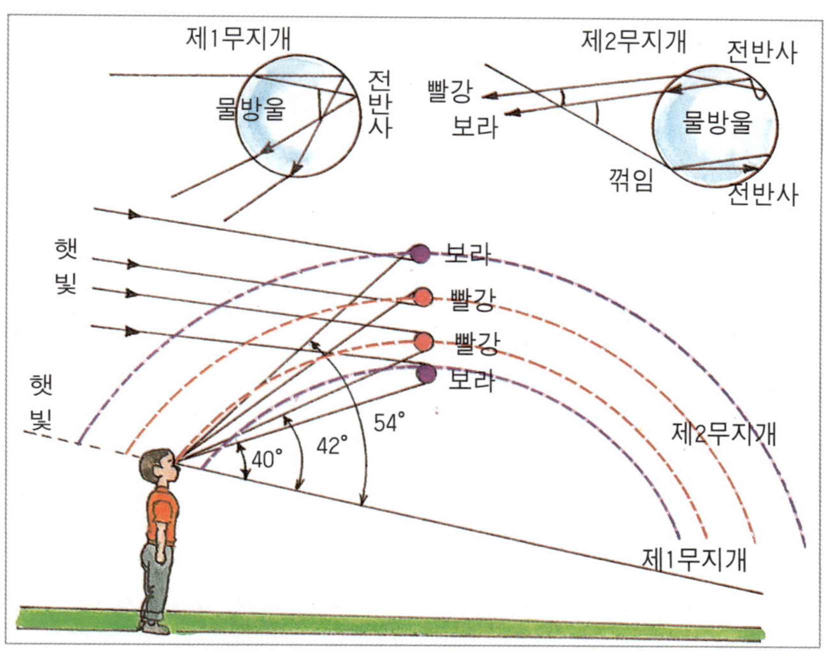

🔺 물방울 속의 빛의 통로와 무지개

그리스의 대철학자 아리스토텔레스는 무지개가 생기는 이치를 반사 현상이라고 했지만, 정확한 대답은 되지 못했다.

태양이나 형광등의 빛과 같은 백색광은 모두 다 빛의 색깔이 모여서 된 것이다. 이 여러 가지 빛의 색깔을 나눌 수 있는 기구가 프리즘이다.

백색광이 프리즘의 한쪽 면으로부터 내부로 들어갔다 나갈 때는 방향이 조금씩 꺾이는데, 이것을 '굴절'이라고 한다. 굴절의 정도는 빛의 색깔에 따라 다르다. 보라색이 가장 많이 꺾이고, 남·청·녹·황·주·적의 차례로 적게 꺾인다.

백색광처럼 빛이 프리즘의 내부를 지나 다른 면으로 나갈 때도 역시 굴절한다. 이 때도 일곱 색깔의 띠 모양으로 나타나는데, 이것을 가리켜 '스펙트럼'이라고 한다.

🔴 무지개는 햇빛이 공중에 떠 있는 물방울에 굴절·반사되면서 나타나는 현상이다.

무지개는 빗방울이 프리즘의 작용을 하기 때문에 생기는 것이다. 태양 광선이 하나하나의 빗방울에 들어갈 때는 그 표면에서 굴절되고, 또 빗방울 속에서 1회나 2회 반사하여 다시 굴절해서 나오게 된다. 이렇게 해서 하늘에 스펙트럼을 나타낸 것이 무지개이다.

때로는 중심되는 무지개(제1 무지개) 바깥쪽에 제2 무지개가 나타나는 경우가 있다. 중심되는 무지개는 빗방울 속에서 빛이 1회 반사하지만, 제2 무지개는 2회 반사하여 생긴 것이다.

무지개는 주로 소나기가 그친 뒤, 하늘에 빗방울이 떠 있는 동안 태양의 광선이 비쳐서 생기는 것이다.

그런데 태양이 머리 바로 위에 있을 때는 나타나지 않는다. 태양과 우리들의 눈과 무지개의 원호의 중심이 일직선상을 이루지 못하기 때문이다. 따라서, 무지개는 아침이나 저녁에 잘 나타난다.

아침 무지개는 태양이 동쪽에서 비치고 서쪽에서 소나기가 내릴 때 생기며, 저녁 무지개는 이와 반대가 될 때 생긴다.

눈·서리·서릿발·우박·안개

● 눈의 결정

눈은 구름 속의 작은 얼음 알갱이로부터 생긴다. 얼음 알갱이가 구름 속을 지나서 내려올 때 둘레의 수증기가 부착하여 차츰 커진다. 이것이 땅 위까지 녹지 않고 그대로 내려오는 것이 눈이며, 도중에서 녹으면 비가 된다.

눈의 양은 설량계를 사용하여 모은 것을 강수량으로 환산하는 방법과, 쌓인 깊이(적설량)를 설척을 이용하여 재는 방법이 있다.

눈의 결정은 대개 6각형을 이루지만 반드시 6각형으로 되는 것만은 아니다.

눈 모양은 결정이 될 때의 상공의 기온을 나타내며, 눈의

🔺 **여러 가지 눈의 결정**—결정의 모양이 다른 것은 기온과 구름의 수증기의 양이 다르기 때문이다.

지름은 0.25~0.4센티미터 정도 되는 것이 가장 많다.

공기 속의 수증기가 식으면 물방울이 된다(응결). 그러나 온도가 영하 15도보다 낮을 때는 물의 상태를 넘어서 얼음이 된다(승화).

눈은 이 얼음의 결정이 둘레의 수증기를 끌어 모아 커져서 내리는 것이다.

● 서리, 서릿발, 우박, 안개

서 리

서리는 이슬처럼 공기 속의 수증기가 맺혀져서 된 것이지만, 이슬과는 달리 기온이 매우 낮을 때 생긴, 즉 수증기가 물방울로 되지 않고 직접 얼음으로 된 것이다.

서릿발

서릿발은 흙 속에 포함되어 있는 수분이 얼어서 된 것이며, 공기의 수증기와는 아무런 관련이 없다.

서릿발은 지면에 가까운 흙 속의 수분이 언 다음, 그 아래의 수분이 계속 얼어서 마치 얼음 기둥처럼 생긴 것이다. 주로 찰흙과 모래가 섞인 땅에 생긴다.

🔺 서리는 공기 속의 수증기가 낮은 기온 때문에 얼음으로 된 것이다.

우 박

하늘에서 내린 얼음 덩어리를 우박이라고 한다. 대개 지름이 5~50밀리미터 정도 되지만 때로는 이보다 큰 것도 있다. 우박은 봄이나 초여름에 소나기구름에서 흔히 생긴다.

즉, 소나기구름에서는 강한 상승 기류가 있으므로, 공기 속의 얼음 알갱이는 몇 번씩 더운 공기와 찬 공기층에서 올라갔다 내려갔다 하게 된다. 이러는 사이에 얼음 알갱이에 물방울이 붙어서 다시 언 다음 지상으로 떨어지는 것이다.

이 우박을 돋보기로 관찰해 보면 여러 겹으로 된 큰 얼음 알갱이로 되어 있음을 알 수 있다.

안 개

안개는 수증기를 포함한 공기가 찬 물체에 닿아서 물방울로 맺힌 것으로, 지면 가까운 공중에 떠 있다. 대개 1킬로미터 이상 먼 곳은 육안으로 볼 수 없다. 안개는 맑게 갠 이른 아침에 잘 생긴다. 맑게 갠 아침에는 지면이 매우 차가우므로 수증기가 쉽게 물방울로 맺히기 때문이다.

🔻 우박의 크기는 지름이 5~50mm로, 봄이나 초여름에 내려 농작물에 큰 피해를 준다.

습 도

● 습도의 뜻

공기 속에는 수증기가 포함되어 있는데, 이것은 지상의 물이 증발한 것이다. 이러한 공기는 온도가 높을수록 수증기를 많이 포함한다.

공기가 포함할 수 있는 수증기의 양은 그 때의 온도에 따라서 정해진다. 이렇게 공기가 수증기를 포함하고 있는 양 즉, 공기가 습한 정도를 '습도'라고 한다.

습도를 좀더 자세히 말하면, 공기가 포함하고 있는 수증기의 양을, 그 온도에서 공기가 가장 많이 포함할 수 있는 수증기의 양으로 나눈 다음 100배로 한 수치이다.

이를테면 공기 1세제곱 미터 속에는 수증기를 30그램까지 포함할 수 있다. 그러나 지금 공기 1세제곱 미터 속에 12그램의 수증기가 포함되어 있다고 하면 현재의 습도는 40퍼센트가 된다는 것이다.

그러므로 공기 속에 있는 수증기의 양은 변함이 없어도 기온이 올라가면 공기가 건조해지고, 반대로 기온이 내려가면 습해진다.

● 습도계의 종류

건습구 습도계

막대 모양의 온도계 2개를 세워 놓은 것인데, 가장 널리 사용되고 있는 습도계이다.

2개의 온도계 중 1개에는 아래쪽 둥근 부분을 가제로 싸서 그 끝을 물에 적신다. 이 가제를 싼 쪽을 습구, 다른 쪽을 건구라고 한다.

가제에서는 항상 물이 증발하므로 습구 쪽은 건구 쪽보다 낮은 온도를 나타낸다.

그런데 공기 속의 수증기가 많으면 증발이 더디고, 적으면 빨라진다. 이 증발의 빠르기에 따라 습구와 건구가 나타내는 온도의 차가 커지거나 작아지거나 한다. 이 차이로부터 수증기의 양을 계산하여 습도를 구한다.

대개의 경우 일일이 계산하지 않고서도 습도표를 이용하여 습도를 알아 낸다. 이를테면 기온(건구의 온도)이 섭씨 18.3도

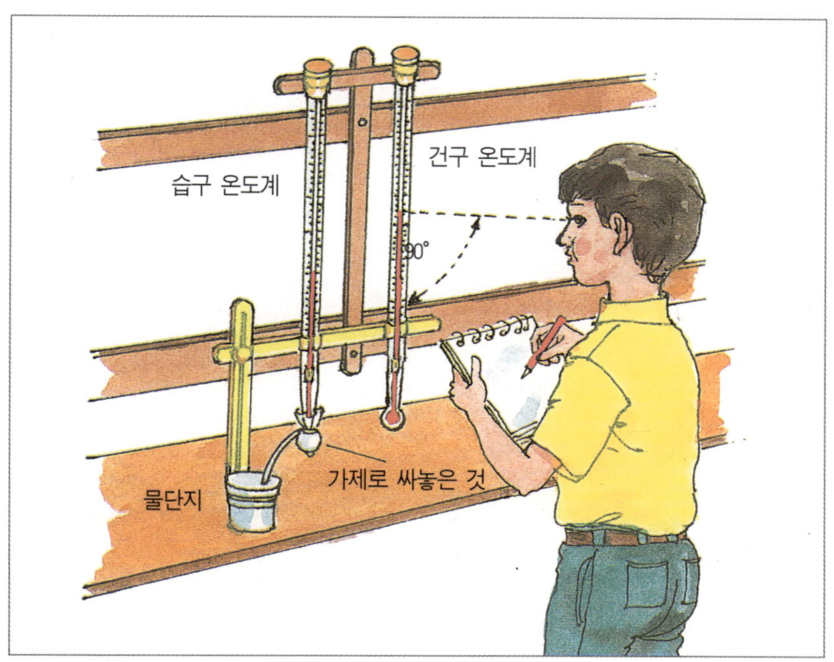

🔺 건습구 습도계

이고, 습구의 온도가 섭씨 12.0도이면 건구와 습구의 차는 6.3도이다. 이것을 습도표에 끼워 맞추면 이 때의 습도는 46퍼센트가 된다는 것을 알 수 있다.

건습구 습도계를 사용할 때는 다음과 같은 점에 주의해야 한다.

◈ 습구를 싸는 거즈는 너무 두껍지 않은 것을 사용하고, 구부에 밀착시킨다.

◈ 오전 9시에서 10시까지는 습도의 변화가 심한 때이다. 따라서 일정한 관측 시각을 정해서 습도를 관찰해야 한다.

◈ 건구와 습구의 차이는 될 수 있는 데까지 정확하게 구해야 한다. 건구와 습구의 차이가 0.2도 정도만 달라도 습도는 많이 달라진다.

◈ 물단지의 물이 다 말라 버리지 않도록 자주 보충해 주어야 하며, 물을 더럽게 해서는 안 된다.

◈ 습구를 싸 놓은 거즈가 더러워지면 다시 갈아 끼우도록 한다.

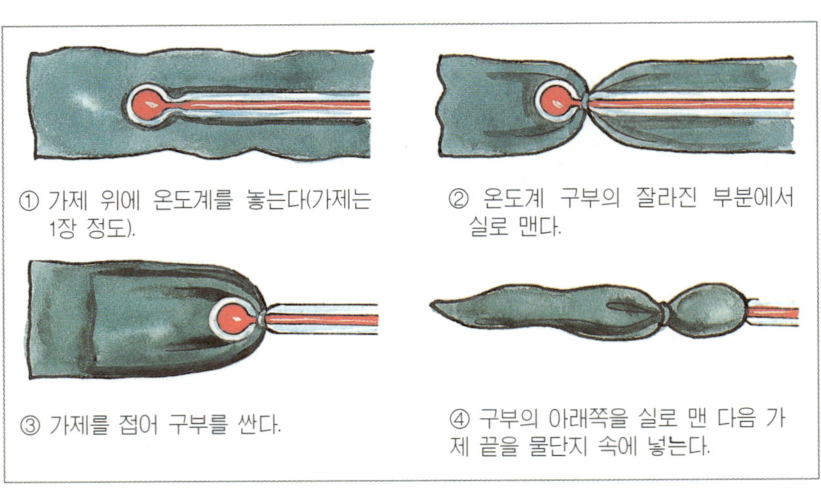

● 습구를 만드는 방법

모발 습도계

사람의 모발은 습도에 따라 늘어나거나 줄어드는 성질이 있는데, 이 성질을 이용하여 만든 것이 모발 습도계이다.

모발은 에틸에테르, 벤젠, 가성소다 등으로 잘 씻은 다음 깨끗한 물로 헹구어서 사용한다.

이 밖에 모발 습도계의 한 종류로, 널리 사용되는 폴리미터가 있다.

폴리미터는 20개 정도의 모발을 묶어 위쪽은 고정시키고, 아래쪽은 지레 방식을 이용하여 바늘에 이어 놓은 것이다. 모발의 신축에 따라 바늘이 움직이는데, 바늘 끝의 3가닥 중 가장 긴 복판의 것이 나타내는 수치를 읽는다.

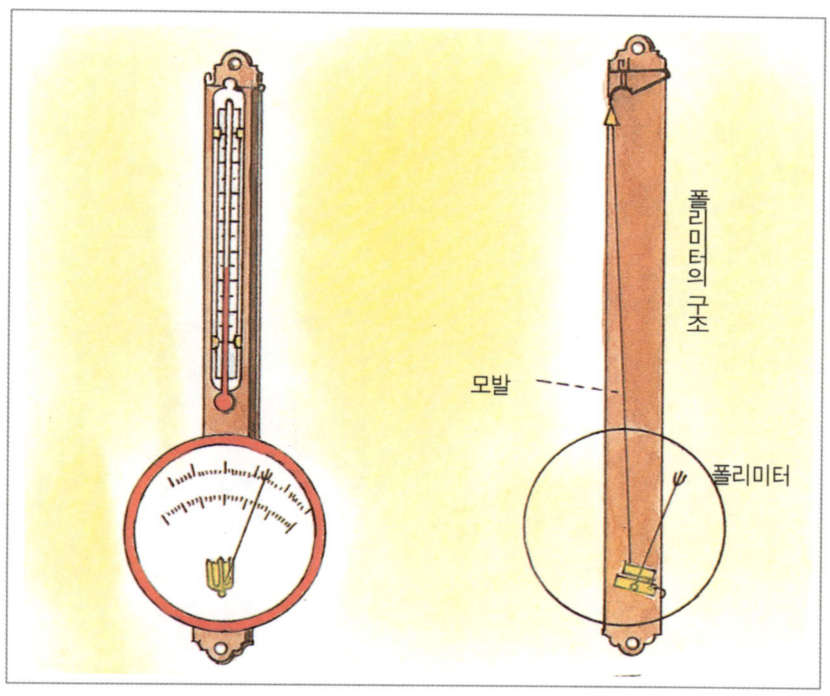

🔺 폴리미터의 구조

자기 습도계

시시 각각으로 변하는 습도를 빠짐없이 기록하는 데는 자기 습도계가 편리하다. 이것은 모발의 양쪽 끝을 고정시켜, 모발의 늘어남과 줄어듦을 지레 방식에 의해 펜에 전달시키게 장치를 해서 회전시키는 종이 위에 기록하도록 한 것이다.

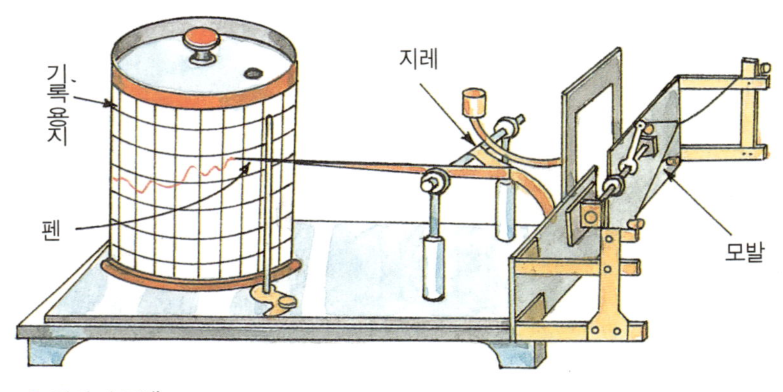

▲ 자기 습도계

셀로판 습도계

셀로판도 습기를 받아 늘거나 줄어드는 성질이 있다. 이 셀로판의 성질을 이용하여 간단한 습도계를 만들 수 있다.

눈금을 새길 때는 정확한 습도계에 맞추어 눈금의 숫자를 기입해 놓는다.

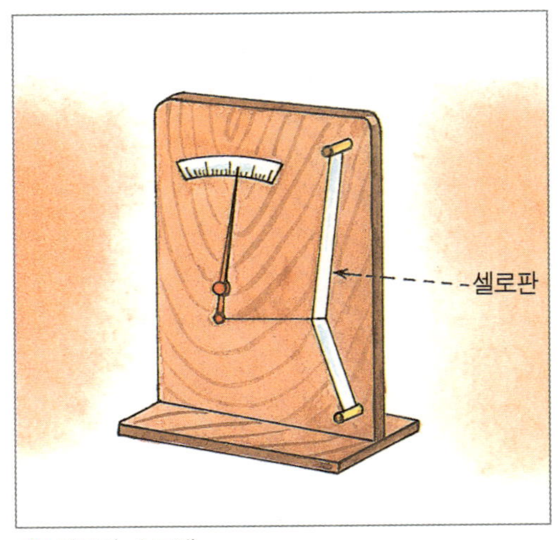

▲ 셀로판 습도계

🔺 날씨가 맑고 기온이 높으면 습도가 낮다.

● 하루의 습도 변화

기온과 습도는 밀접한 관계를 가지면서 서로 변화한다. 날씨가 좋은 날에는 해가 떠오름과 동시에 기온이 올라간다. 그러면 습도는 이와는 반대로 차츰 내려간다. 이리하여 오후 2시경 기온이 가장 높아질 때 습도도 가장 낮아진다.

오후 3시를 지나 태양이 서쪽으로 기울어짐에 따라 기온이 내려가면, 습도는 차츰 올라가게 된다. 그러므로 햇빛에 널어 놓은 이불 따위는 오후 3시쯤에 걷는 것이 좋다.

밤에는 습도가 높아져 이슬이 맺히거나 서리가 내린다. 비나 눈이 오는 날에는 습도가 하루 종일 그리 변하지 않는다. 그러나 바람이 심한 날에는 습도의 변화도 심하다.

천 둥

● 천둥이 일어나는 원인

여름철 더운 날에는 뭉게뭉게 떠오르는 적란운(소나기구름)
이 자주 생긴다. 이것이 성장하여 머리 쪽이 성층권에 닿으면
양쪽으로 퍼져 나가게 된다. 마치 대장간에서 사용하는 모루
와 같이 된다. 이렇게 되면 이미 적란운으로 된 것인데, 이 때
는 세찬 소나기가 쏟아지게 된다.

🔺 벼락은 소나기구름과 지면 사이에 전기가 흐르는 현상이다.

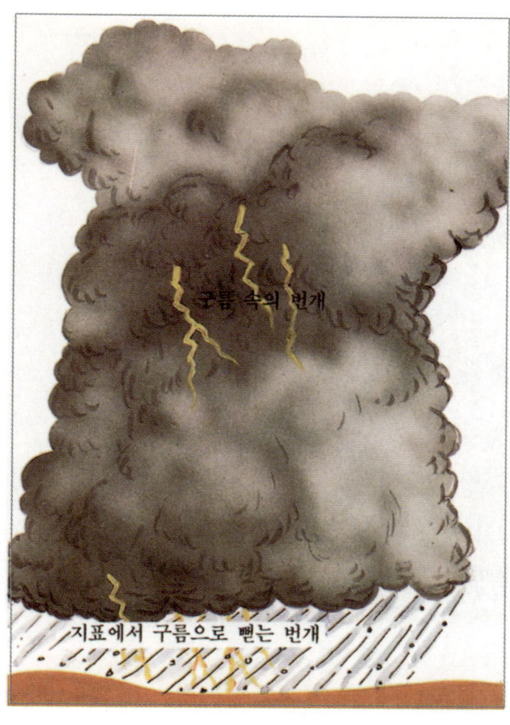

번개의 발생—적란운 속에서는 맹렬한 상승 기류가 일어나며, 얼음 알갱이가 움직이게 된다. 이 때 얼음 알갱이가 부서지거나 마찰하면 전기가 일어난다.

적란운 속에서는 맹렬한 대류의 흐름이 일어나며, 얼음 알갱이가 움직이게 된다. 이 때 얼음 알갱이가 부서지거나 마찰하면 전기가 일어난다. 그리고 구름의 위쪽과 아래쪽은 양극(+)의 전기, 내부에서는 음극(−)의 전기가 괴게 된다.

대기는 대개 전기를 통하지 않으나, 적란운 속에 대량의 전기가 괴면 전기를 흐르게 하므로, 천둥과 번개가 일어나게 된다.

● 천둥이 치는 곳의 거리

천둥 소리는 빛과 동시에 생기며, 빛은 이내 전해지나 소리는 1초 동안에 약 340미터 속도로 전한다. 따라서 번개의 빛이 나고서부터 천둥 소리가 들릴 때까지의 시간(초)을 재어 340

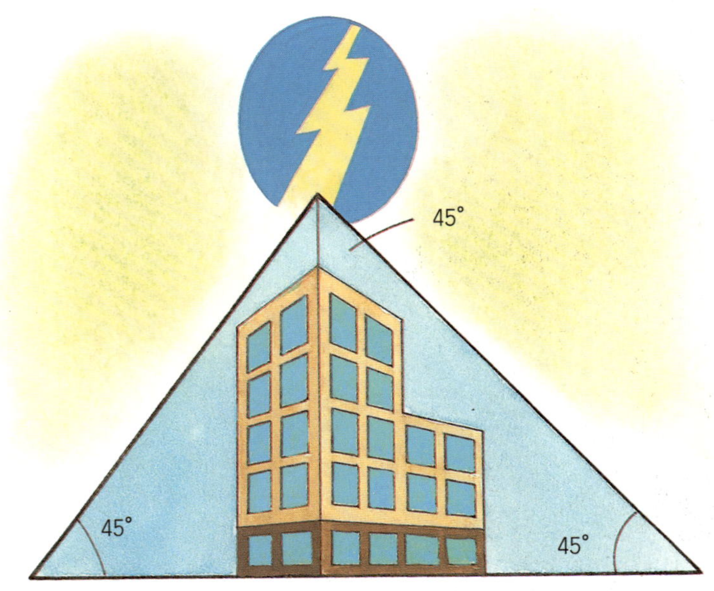

미터를 곱하면, 천둥이 일어난 구름까지의 거리를 알 수 있다.

이를테면 번개가 비친 1.5초 뒤에 천둥 소리가 들렸다고 하면 340미터×1.5=460미터, 즉 460미터 떨어진 구름에서 천둥 소리가 일어났다는 것을 알 수 있다.

● 벼락의 피해를 막는 방법

적란운과 지면 사이에 전기가 흐르는 것을 벼락이 떨어졌다고 말한다. 벼락은 뾰족한 금속 막대에 떨어지기 쉬운 성질이 있다. 따라서, 벼락이 떨어지는 것을 막기 위해서는 피뢰침을 사용하여야 한다.

높은 건물의 옥상에 피뢰침을 세워 놓으면, 적란운이 가까이 올 때, 벼락은 이 피뢰침을 통해서 천천히 떨어진다. 그리고

🔺 벼락의 피해를 막는 방법

떨어진 벼락은 동선을 지나 땅 속으로 달아나기 때문에 건물에 해를 주지 않는다.

피뢰침은 꼭지점으로부터 비스듬히 45도의 직선을 긋는데, 그 직선 안에서 안전하다고 한다.

기상 관측

● 관측 장소의 조건

기상 관측을 하는 곳은 사방이 트여서 바람이 잘 통하고 햇빛이 잘 닿는 곳이 좋다. 그리고 될 수 있는 대로 건물의 남쪽 편이 좋다. 동쪽이나 서쪽은 오전과 오후에 햇빛을 받는 정도가 다를 염려가 있기 때문이다.

기상 관측을 전문적으로 행하는 장소를 노장이라고 한다. 노장은 지면의 열반사를 고르게 하도록 하고, 빗방울이 튀는 것을 막기 위해 표면 전체에 잔디를 심어 놓는다.

노장 안에는 백엽 상자가 세워져 있으며, 우량계나 그 밖의 여러 가지 기구가 놓여져 있다.

🔺 여러 가지 기상 관측 기구—기상 요소를 정확히 알기 위해서는 기압계, 온도계, 습도계, 증발계, 풍속계, 풍향계 등의 기상 관측 기구를 정확하게 만들어 사용해야 한다.

🔺 백엽상—바람이 잘 통하는 곳에 지면에서 1.5미터 높이가 되도록 설치한다.

● 백엽상의 설치

백엽상은 기온이나 습도를 재기 위해 사용하는 것이며, 흰 페인트칠을 한 꿀벌의 집 모양을 하고 있다.

바람이 잘 통하도록 하기 위해 사방을 살창으로 해 놓으며, 상자 복판이 지면에서 1.5미터 정도의 높이가 되도록 다리를 달아 놓는다.

백엽상 속은 바깥 공기가 자유로이 드나들 수 있게 하며, 직사 일광이나 지면의 반사열이 직접 도달되지 못하게 해 놓는다.

상자 속에 건습구 습도계, 최고 온도계, 최저 온도계 등을 넣어 두면 정확한 기온과 습도를 잴 수 있다.

● 관측 시간

기상 현상은 항상 변하고 있으므로, 그 관측 결과를 여러 곳과 비교해 보려면 관측 시각을 일정하게 하지 않으면 안 된다.

만일 여러분이 관측한다면 기상대나 측후소의 관측치와 비교하여, 그 지방의 기상 조사에 보탬이 되도록 해야 한다.

기상대나 측후소에서는 매일 아침 9시에 관측을 실시하고

▲ 기상 관측소—기상 관측소에서는 자동 기계 장치에 의해 기상 변화를 기록한다.

있다. 따라서, 여러분의 관측도 아침 9시에 실시하면 전문가의 관측치와 비교할 수 있게 된다.

하루에 2회 관측하려면 오전 9시와 오후 3시가 적당할 것이다.

● 관측의 차례

오전 9시에 관측하는 것이 좋다고는 하나 여러 가지를 동시에 실시할 수 없다. 따라서, 서로 관측 결과를 비교할 수 있도록 하기 위해, 어느 측후소에나 관측의 차례가 정해져 있다. 이 차례대로 관측하면 기온, 습도, 우량 등을 대개 같은 시각에

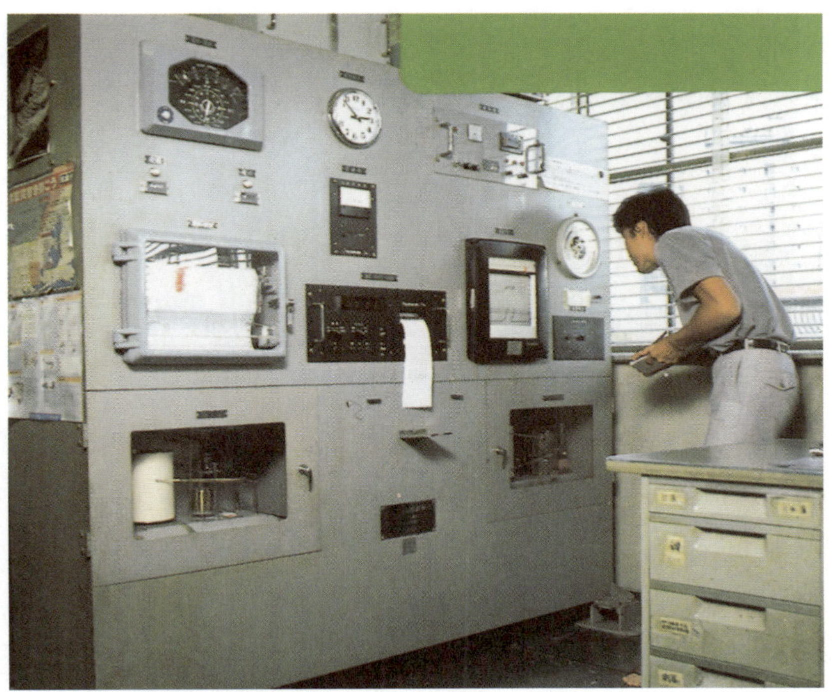

🔺 일기예보는 과학적인 기상 관측 장치를 이용해 이루어진다.

잴 수 있다. 그 차례는 다음과 같다.

① 풍속 제1회 ② 운량·운형·운향 등 ③ 땅 속 온도
④ 강수량 ⑤ 기온·습도 ⑥ 최고 기온 ⑦ 최저 기온
⑧ 풍속 제2회 ⑨ 기압

이를테면 오전 9시에 관측할 경우는 9시 11분 전에 제1회의 풍속 관측을 행하고, 1분 전에 제2회의 풍속 관측을 행한다.

이 동안에 10분간의 여유가 있으므로 그 동안의 평균 풍속을 낸다. 그리고 기압도 꼭 오전 9시에 관측한다.

이것이 기상대나 측후소에서 실시하고 있는 관측의 차례이다.

● 풍향 풍속계—바람의 방향과 속도를 재는 기상 관측 기구이다.

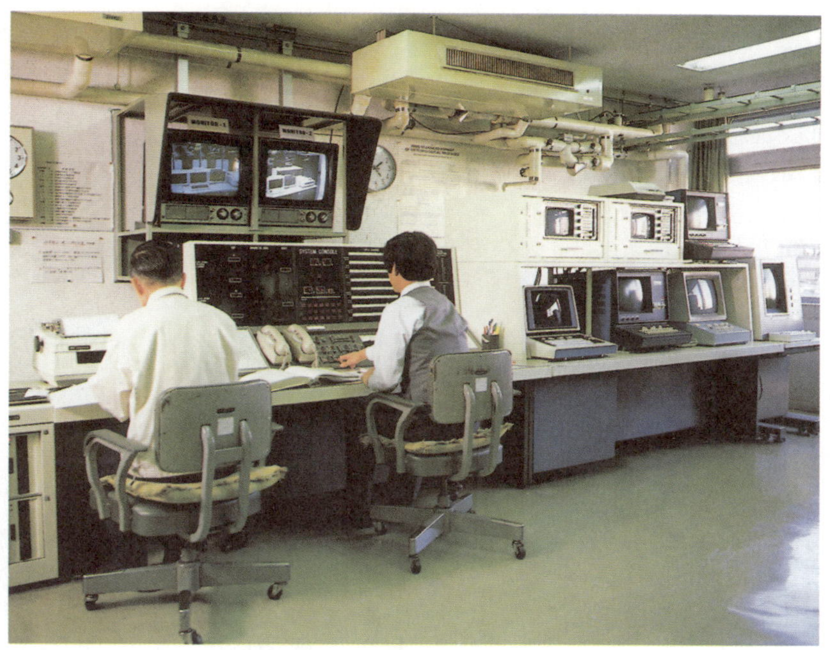

🔺 기상대에서는 24시간 기상의 변화 상태를 관측한다.

관측의 종류가 적은 곳에서는 할 수 없는 것을 제외하고, 위의 차례로 관측하는 것이 좋다.

노장이나 백엽상과 같은 본격적인 설비가 없다고 해도 기상 관측은 할 수 있다. 이러한 경우에는 될 수 있는 대로 정확한 관측치가 얻어지도록 연구해 나가야 한다.

이를테면 기온을 정확히 재기 위해서는, 온도계의 구부에 많은 공기가 닿도록 해야 하므로, 온도계를 바람이 잘 통하는 곳에 두어야 한다.

집 밖이라면 1.5미터 높이의 나뭇가지에 끈으로 달아서 바람이 잘 통하게 하는 한편, 태양열이 직접 온도계에 닿지 않도록 한다. 온도계를 건물의 벽이나 기둥에 달아 놓으면 그리 정확한 기온을 잴 수 없다.

기상 관측을 한 결과는 직접 관측 기록장에 기입하는 외에 표로 달마다 정리해 놓는다. 이렇게 하면 날씨가 변해 간 상황이나 그 달의 날씨의 특징을 이내 알 수 있어 유익하다.

● 관측 기록장

관측을 시작하면 도중에 쉬지 않도록 해야 한다. 하루라도 쉬면 통계를 정확히 할 수 없고, 자료로서 가치도 없다.

관측 시각을 매일 정확히 지키는 것도 매우 중요한 일이다. 매일 오전 9시에 관측하는 것이 좋지만, 이것을 지킬 수 없는 사람은 오전 10시 또는 오후 3시 등 시각을 정하여 관측하도록 한다.

관측한 것은 그 자리에서 직접 노트에 기입한다. 이 노트를 관측 기록장이라고 한다.

기억에 의해 다음에 기록하거나 종이 쪽지에 써 두었다가 옮기는 일은 절대로 안 된다. 우리의 기억은 오래 가지 않기 때문에 잊기 쉽고, 종이 쪽지는 잃어버릴 염려가 있기 때문이다.

2

자연과 인간

세계의 기후

● 열대 우림 기후

열대 우림 기후로 가장 대표적인 곳은 적도 부근의 아프리카와 아마존 강 유역이 해당한다. 1년 내내 기온이 높고, 비가 많이 내려 몹시 무덥다. 따라서, 열대 식물이 무성하여 정글을 이룬다.

🔺 열대 우림 기후 지대—나무가 우거진 정글

● 열대 원야 기후

아프리카와 인도의 데칸 고원 부근의 기후이다. 1년 내내 기온이 높고, 비가 오는 우기와 강수량이 적은 건기로 나누어져 있다. 열대 식물이 잘 자란다.

🔺 열대 원야 기후 지대—초원에서 풀을 뜯어먹는 소 떼

● 초원 기후

　페루 지역이 해당한다. 여름에도 이따금 소나기가 내릴 정도로 비가 적고, 겨울에는 비가 오지 않는다. 밤과 낮의 기온의 차이가 심하다.

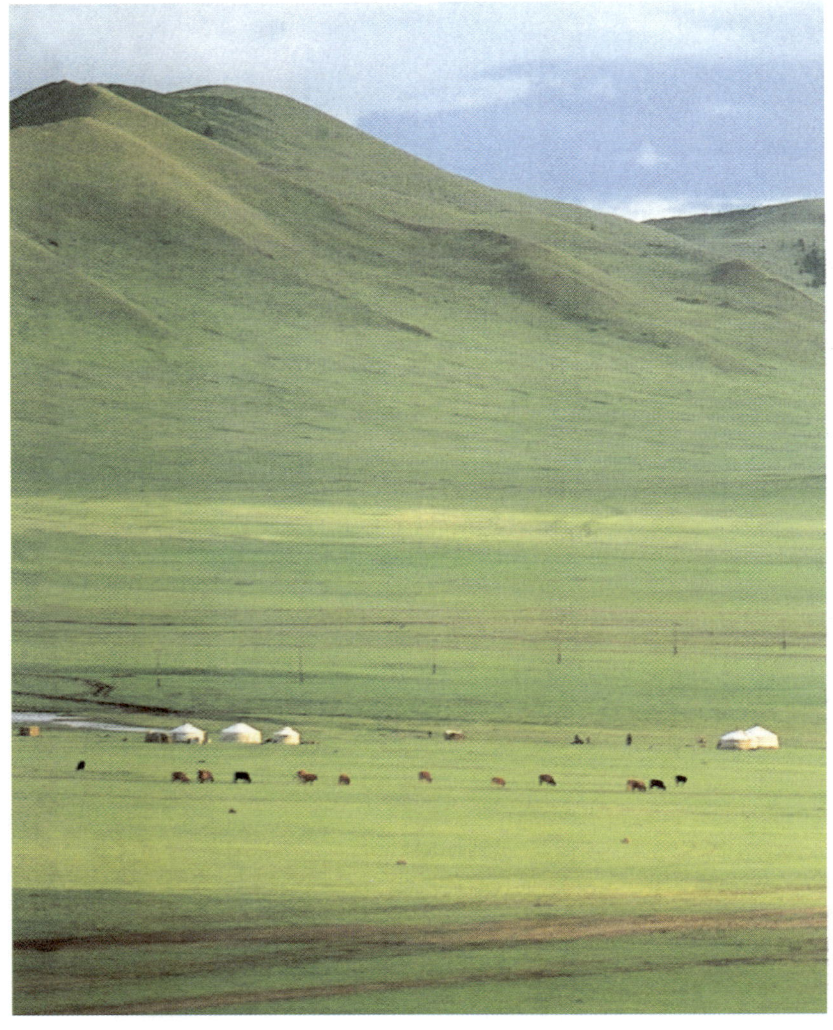

● 초원 기후에 사는 주민들은 가축을 방목하여 유목 생활을 한다.

● 사막 기후

아프리카와 아시아의 사막 지대의 기후이다. 낮에는 기온이 높고 매우 덥지만, 밤에는 기온이 몹시 떨어진다. 비가 적은 모래땅이어서 식물도 잘 자라지 못한다.

🔺 **사막 지대**—강수량이 극히 적은데다 낮에는 덥고 밤에는 기온이 떨어져 생물이 살기 힘들다.

● 온대 하우 기후

중국 중부와 인도 북부 지역이 해당한다. 이 기후의 지역은 온화한 기온으로, 겨울에는 비가 적고 여름에는 비가 많은 것이 특징이다. 식물은 침엽수나 활엽수가 잘 자란다.

● 온대 하우 기후 지역—기후가 온화하고 겨울에는 비가 적고 여름에는 비가 많다.

● 온대 동우 기후

지중해 지역의 기후이다. 이 지역의 기온은 온대 하우 기후와 같다. 여름에는 비가 적게 내리고, 겨울에는 비가 많이 내린다. 올리브나무나 포도나무 등이 잘 자란다.

🔺 온대 동우 기후─여름에는 비가 적고 겨울에는 비가 많이 내린다.

● 아한대 다우 기후

유럽 북부와 캐나다 지역의 기후이다. 겨울이 길고 추위가 심하다. 사계절에 걸쳐 비가 내리고, 겨울에는 눈이 많이 내린다. 식물은 침엽수가 자란다.

▲ 아한대 다우 기후―침엽수림이 빽빽히 들어차 있다.

● 툰드라 기후

시베리아 북부와 캐나다 북부 지역의 기후이다. 기온이 매우 낮고, 지면의 아래쪽은 언제나 얼어 있다. 여름에만 지표면이 녹아서 이끼가 낄 정도이다.

🔺 툰드라 기후—들판에서 순록들이 이끼를 뜯어먹고 있다.

일기 예보

● 체험의 일기 예보

옛날, 농민들이나 어부들은 바람이 부는 모양과 구름의 모양을 보고 날씨를 예측했다.

이러한 날씨 예측은 속담이나 구전으로 전해 왔는데, 크게 두 가지로 나누어 볼 수 있다.

하나는, 하늘의 모양을 살펴보고 판단하는 방법이다. 가령

🔻 높은 산에 삿갓구름이 생기면 비가 내린다.

‘저 산 위에 구름이 생기면 비’라든가, 구름의 움직임이나 바람이 부는 모양을 보고서 경험에 비추어 예보하는 것이다.

다른 하나는, 동물의 움직임이나 상태를 보고 판단하는 방법이다. 동물은 본능적으로 날씨의 변화를 느끼므로 그 동작을 살펴보고서 예보를 하는 것이다.

이를테면 ‘제비가 낮게 날아다닐 때는 비’, ‘말이 크게 울면 날씨가 좋다’는 등의 이야기도 일종의 체험에 의한 날씨 예측 방법이다.

🔺 제비가 낮게 날아다니면 비가 내린다.

● 날씨와 관련된 속담과 원리

◆ 아침에 무지개가 뜨면 날씨가 맑다

무지개는 태양을 등 쪽으로 돌리고 서서 보았을 때 앞쪽에 생긴다. 따라서, 아침에 생기는 무지개는 서쪽에 나타난다. 이 때 태양은 동쪽에서 비추기 때문에 동쪽 하늘에는 구름이 없다는 뜻이 된다.

🔺 무지개는 빛의 굴절 현상에 의해 생긴다.

우리 나라의 여름 날씨는 대개 동쪽으로부터 구름이 끼어 비가 오는 일이 많으므로 경험상으로 알게 된 것이다.

◆ **아침에 안개가 끼면 날씨가 맑다**

여기서 말하는 안개는 복사 안개를 가리킨다. 이 복사 안개는 날씨가 좋고 밤에 기온이 많이 내려갔을 때 생기는 것이므로 당연히 그 날의 날씨는 맑게 된다.

지표면에 접한 공기가 식으면서 공기 속의 수증기가 포화되어 안개가 생긴다.

◈ 저녁 노을이 끼면 날씨가 맑다

저녁 노을의 붉은 빛은 태양의 빛이 강하게 쬐기 때문이며, 그만큼 공기가 건조하다는 징조이다.

더욱이 여름철 날씨가 가물 때 저녁 노을이 잘 끼게 된다.

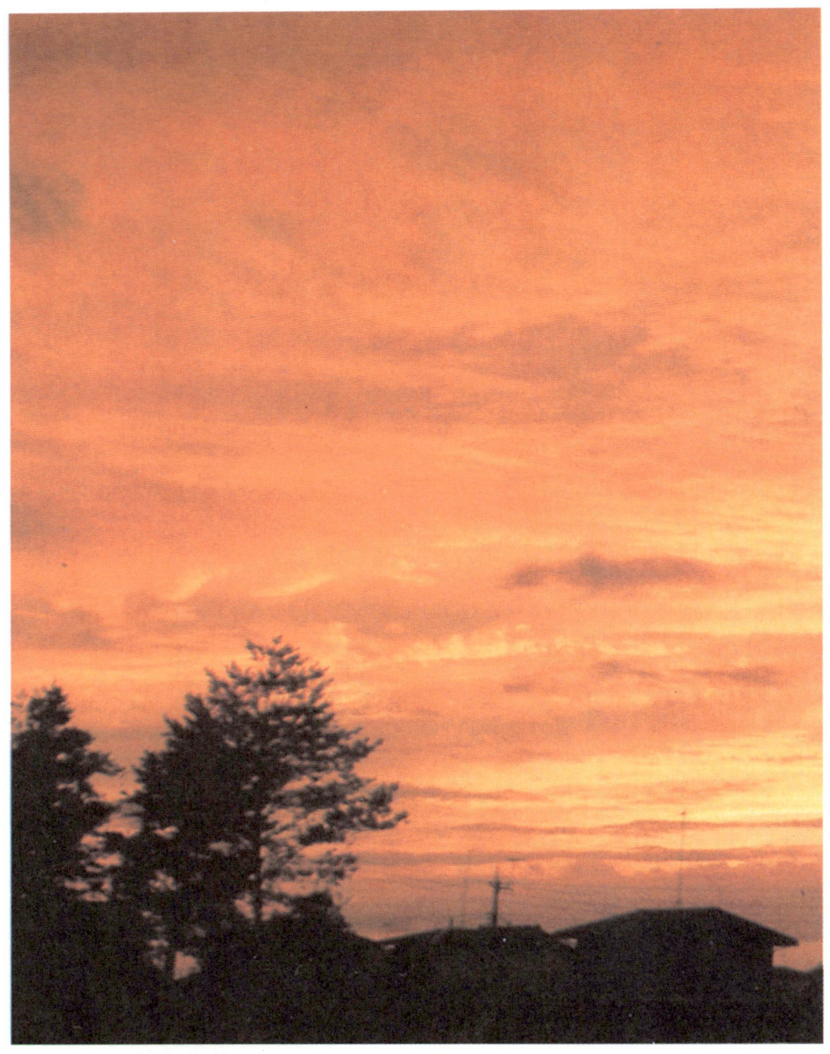

🔻 저녁 노을은 태양의 강한 빛에 의한 것으로 맑은 날씨를 예고한다.

신기한 기상 현상

● 오로라

오로라는 '극광'이라고도 한다. 이것은 자연이 만들어 낸 참으로 신비롭고 아름다운 광경이다. 그 아름다운 모습은 직접 보지 않은 사람은 상상도 할 수 없다.

오로라의 모양은 여러 가지이다. 아치형을 한 것이 있는가 하면, 띠와 같이 기다란 것이 있다. 또, 세로무늬를 한 커튼과 같은 것도 있고, 비치는 빛살이 부채처럼 넓게 펴진 것도 있다.

▲ 코로나 모양의 오로라

아크 모양의 오로라

이 밖에 모양이나 밝기가 그리 변하지 않는 것이 있는가 하면, 눈부시게 흔들리는 것, 거대한 서치라이트와 같이 깜박거리는 것도 있다.

색깔은 황색을 띤 것이 가장 많으나 붉은 색깔을 한 것도 있고 청백을 띤 것도 있다. 커튼과 같은 모양을 한 것에는 붉은 세로무늬가 있거나 가장자리가 검붉게 된 것도 많다.

과학적인 측정에 의하면 오로라는 북극과 남극의 지면에서 80~160킬로미터의 상공에 나타나며, 남극과 북극의 위도 20~25도 떨어진 곳에서 가장 많이 나타난다고 한다.

오로라는 대기가 엷은 상공에서 일어나는 방전 현상이라고 믿고 있다.

즉, 유리관 속의 공기를 빼낸 진공 상태에서 방전시키면 빛이 나는 것과 같은 이치라고 말할 수 있다.

그러면 방전을 시키는 데는 전류가 필요한데, 그것은 어디에서 온 것일까? 과학자들에 의하면, 태양으로부터 전자나 양자 등 전기를 띤 입자가 날아와서 대기 속으로 뛰어들어오는데, 이것이 전류의 역할을 하는 것이라고 한다.

전기를 띤 입자가 지구에 가까워지면, 지구의 자기장의 영향을 받아 진로가 굽어져, 북과 남의 자극 가까이에 모인다. 즉, 오로라가 북극이나 남극 가까이에서 보이는 까닭도 이 때문인 것이다.

태양의 활동이 심하면 전자나 양자 등 전기를 띤 입자가 많이 방출된다. 따라서, 태양의 활동이 심할 때는 태양의 흑점이 많이 나타나고, 흑점이 많을 때는 오로라도 많이 생겨난다. 그리고 이 때는 지구에 자기 난리를 일으키므로 무선 통신이나 방송에 지장을 주게 된다.

● 신기루

사막의 나그네가 길을 잃어버리고 마침내 목이 말라 죽을
지경에 다다랐을 때, 문득 저쪽을 보니 나무 그늘 밑에 맑은

🔴 **사막**—메마르고 건조한 날씨는 끝없이 넓은 모래 언덕을 형성한다.

물이 괴어 있는 호수가 보인다. 나그네는 너무나 기뻐서 그 쪽으로 기어간다. 가까이 왔다고 생각했을 때 그 호수는 감쪽같이 자취를 감추어 버린다. 저 멀리 지평선까지는 뜨거운 모래 사장만이 계속될 뿐이다. 마침내 나그네는 절망에 빠져 쓰러져 버린다. 이것이 신기루에 관한 이야기다.

그러면 신기루는 도대체 무엇인가?

나그네의 눈에 처음에 보인 경치는 멀리 있는 경치가 어느 곳에서인가 반사하여 눈에 들어온 것이 틀림없다.

사막은 센 태양 광선에 의하여 불을 뿜을 정도로 데워져서, 그 지면에 가까운 공기는 심하게 데워진다. 그러나 그 상공의 공기는 아직 데워지지 않고 찬 그대로이다.

지평선 가까이에 있는 공기 속의 광선은 지면에 잇닿아 들어오게 되고, 지평선보다 높은 상공에 있는 공기 속의 광선은 지면 가까이로 굽어 아래쪽으로 해서 눈에 들어오게 된다. 그러면 이 때 공중에 반사된 물체의 상이 지평선 아래에서 보인다.

🔺 신기루는 빛의 이상 굴절 현상으로 먼 곳의 물체가 실제와 다른 위치에서 보인다.

이것이 눈앞에 마치 호수가 있는 것처럼 보이게 만드는 것이다.

이 현상은 사막에서만 일어나는 것이 아니라 포장된 도로에서도 보인다. 또 바다 위에서도 보인다. 이를테면 먼 곳에서 배가 달리고 있을 때, 그와 똑같은 배가 거꾸로 하늘에 떠서 같은 방향으로 달리고 있는 것처럼 보일 때가 있다.

이 때는 바닷물 쪽이 공기보다 차서 수면 가까이에 찬 공기가 있고, 그 위에 더운 공기가 있다. 배로부터 나온 광선은 해수면에 잇닿아 굽어져서 눈에 들어오게 되는 것이다. 그러므로 배는 실제보다 높은 곳에 떠 있는 것처럼 보이게 된다.

세계에서 가장 유명한 신기루는 시칠리아 섬과 이탈리아 본토 사이에 있는 메시나 해협에서 보이는 것이라고 한다. 메시나의 도시가 하늘에 비쳐 마치 전설에 나오는 궁전처럼 아름답게 보인다고 한다.

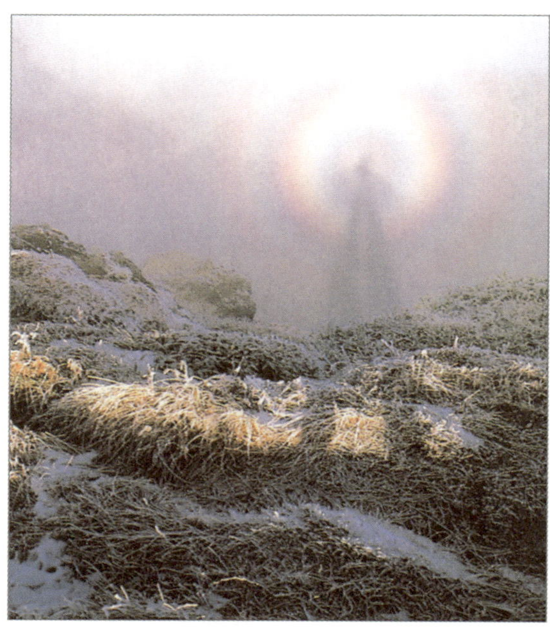

◀ **햇무리**—공기 중의 수증기가 얼음 알갱이로 변해 태양을 가릴 때 생긴다.

이탈리아 사람들은 이 신기루를 요정의 장난이라고 생각해서, 그 이름을 파타 몰가나라고 일컫고 있다.

● 스모그

스모그란 연기(스모크)와 안개(포그)를 합친 새로운 말이다. 그러면 먼저 연기는 무엇인지 살펴 보자.

어떤 연료가 불완전 연소를 하면 연기가 된다. 바꿔 말하면, 대개의 연료는 완전히 연소되면 연기가 나지 않는다.

● 스모그—오염 물질이 공기 중의 수증기에 응결되어 이루어진 것이다.

보통 연료는 탄소, 수소, 산소와 소량의 질소나 황, 이 밖에 타지 않고 남는 광물질의 재가 섞여서 이루어져 있다. 이것이 완전하게 연소되면 마지막에 남는 것은 이산화탄소와 수증기가 되므로, 이것은 그다지 해가 되지 않는다.

그러나 석유나 석탄과 같은 연료를 태우면 이산화황(아황산 가스)이라는 가스가 나온다. 이 가스는 지독한 냄새를 가진 기체로서, 이것을 마시면 코의 점막에 심한 자극을 주기 때문에 기침이 난다.

🔺 공장 및 자동차에서 배출되는 각종 오염 물질로 호흡기 질환이 늘고 있다.

🔺 산성비—산성비는 대기 속의 오염 물질로 인해 생기며, 침엽수의 성장을 멈추게 한다.

또 공기, 햇빛, 수분 등의 작용에 의해 황산으로 바꾸어져 비에 섞여서 내리면, 식물의 잎에 해를 주거나 금속을 부식시키기도 한다.

연료를 완전히 연소시키려면 온도가 높고, 또 산소를 많이 포함한 공기를 많이 공급해 주지 않으면 안 된다. 이러한 조건을 갖추지 않으면 특히 고체 연료에서는 연기가 나오기 쉽다.

무연탄이나 코크스는 휘발성의 물질을 포함하지 않으므로 연기를 내지 않고서도 연소시킬 수 있으나, 보통 석탄은 비교적 낮은 온도에서 분해되므로 가스나 콜타르의 입자를 많이 방출한다. 이것이 먼지나 재에 결합되어 연기를 만드는 것이다.

또, 화학 공장의 굴뚝에서 나오는 연기나 자동차 엔진에서 나오는 배기 가스에도 불완전 연소에 의해 여러 가지 물질이 연기에 섞여 나오게 된다.

도회지의 공기 속에는 이러한 연기와 먼지의 입자가 매우 많이 떠 있는데, 매월 1제곱 킬로미터에 수십 톤이란 양이 쌓인다고 한다.

그리고 따뜻하고 습한 공기가 식으면 수증기의 일부가

● 공장에서 나오는 매연

응결하여 안개를 만든다. 이 때 공중의 연기나 먼지의 알갱이가 떠 있으면 수증기는 그것을 중심으로 해서 달라붙게 된다.

이것이 스모그인 것이다. 그러므로 공기가 맑지 못한 공업 지대일수록 스모그가 많이 생긴다.

이러한 스모그는 우리의 호흡기를 상하게 하여, 천식이나 폐병을 유발시키기도 한다.

1952년 12월 4일부터 9일까지 영국의 런던에서 심한 스모그 현상이 생긴 일이 있었다. 이 때 폐나 심장병 등으로 죽은 사람이 무려 4,000여 명에 이르렀다고 한다.

또한 식물에 미치는 영향도 매우 크다. 잎의 숨구멍을 막아서 호흡 작용을 방해하거나, 햇빛을 가려서 식물의 광합성 작용을 방해한다.

또, 스모그에 포함되어 있는 산은 콘크리트나 금속을 부식시킨다. 그리하여 건물의 수명을 단축시키고 소중한 문화재를 망가뜨리기도 한다. 이 밖에도 스모그 때문에 앞을 내다볼 수 없어서 교통 사고가 일어나 귀중한 생명을 잃는 일도 많이 있다.

오늘날 세계 여러 도시들은 이 스모그 현상을 막기 위해 안간힘을 다하고 있는 형편이다.

성층권

● 기구를 타고서 관측

1931년 5월 27일 새벽의 일이었다. 독일의 아우구스부르크 시 교외의 넓은 들판에서 큰 기구가 하늘로 유유히 올라갔다.

기구에는 지름 2미터 정도의 알루미늄(캬빈)이 매달려져 있었으며, 벨기에의 물리학자 오귀스트 피카르와 조수 파울 키펠이 타고 있었다.

1912년에 영국의 기상학자 다인즈는 많은 관측 기록을 모아서, 대류권에서 일어나는 기상의 변화가 성층권과 깊은 관계가 있음을 밝혔다.

피커라는 학자도 1920년에 성층권이 지상의 날씨 변화에 큰 영향을 미친다는 사실을 말했다. 성층권의 상태를 잘 살펴보는 일이 날씨의 연구에 중요하다는 사실이 알려진 것이다. 그러나 사람이 탈 수 있는 로켓 등이 없던 시대였으므로, 사람들은 기구를 이용해 높은 하늘로 올라가는 것을 생각해 내었다.

지금 피카르는 지름 30미터의 고무를 바른 천으로 기구를 만들어 성층권에 도전한 것이다.

기구는 천천히 상승했다. 관측용의 창문으로 지상의 산천이 차츰 멀어져 가는 것이 보였다.

"선생님 저것을 보십시오. 들판이나 거리가 저렇게 작아 보입니다."

키펠이 말을 건넸다. 그런데 얼마 가지 않아 뜻하지 않은 사고가 일어났다.

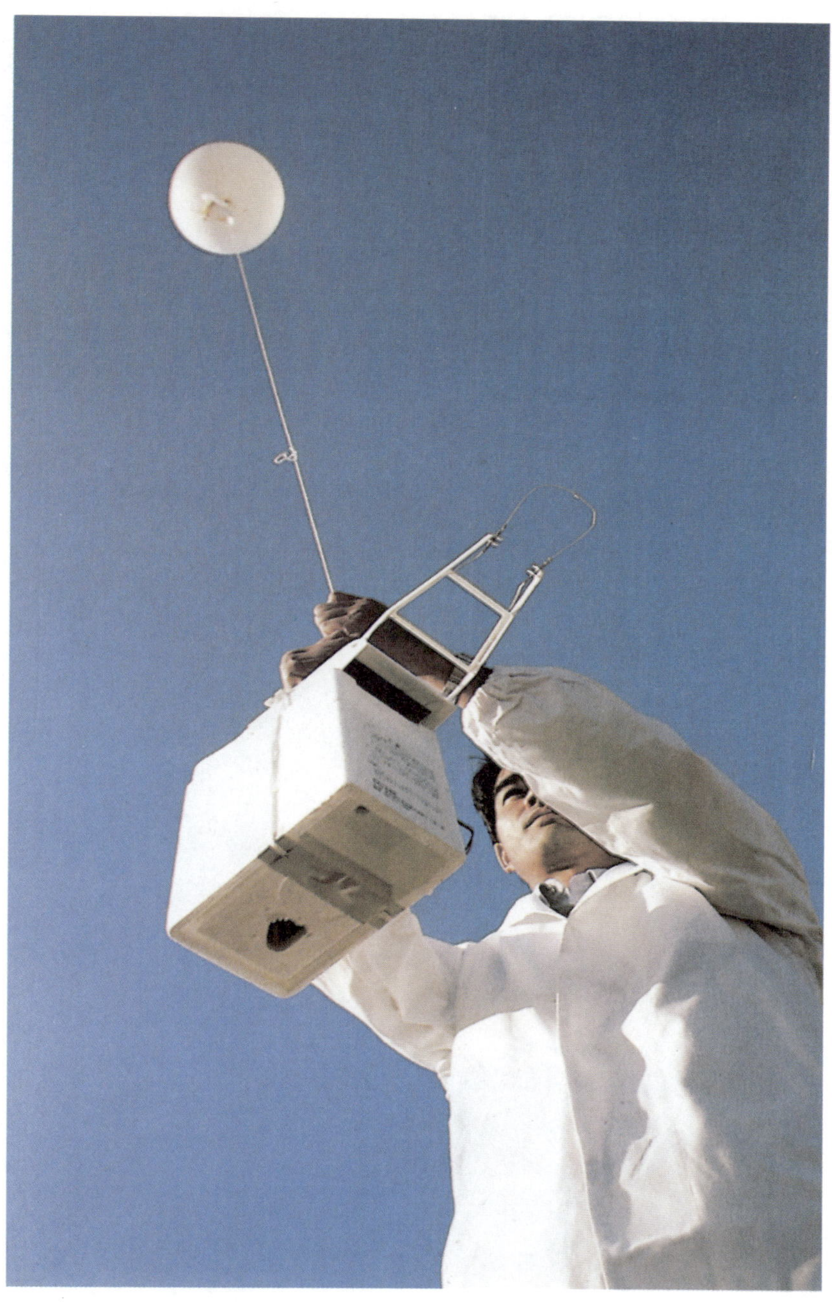

🔺 기구를 띄워 올려 기상을 관측하기도 한다.

● 캬빈의 공기가 샌다

캬빈 벽에 지름 3센티미터의 짧은 관을 끼우는 구멍이 뚫려 여기에 마개를 하면 캬빈은 밀폐되어 버린다.

차츰 기압이 낮아졌다. 피카르는 마개를 구멍에 끼우려고 했다. 그런데 마개가 잘 들어가지 않았다.

"앗, 마개가 들어가지 않는다!"

피카르는 당황했다. 무리하게 넣으려고 하다 보니 그만 마개가 부서지고 말았다.

🔺 피카르는 기구를 타고 최초로 성층권의 기상 변화를 조사 연구했다.

　상공으로 올라감에 따라 캬빈 안의 공기가 세차게 소리를 내면서 구멍을 통해 밖으로 새어 나갔다. 차츰 숨이 막혀 왔다.

　"이대로 있으면 두 사람 다 질식하겠다!"

　피카르는 재빨리 바셀린을 으깨어 풀을 만든 다음, 이것으로 구멍을 메꾸었다. 그리고 액체 산소를 바닥에 쏟았다.

　액체 산소는 이내 증발하여 캬빈 속은 다시 산소로 꽉 채워졌다.

▶ 라디오존데를 기구에 매달아 띄우는 모습

◀ 라디오존데에 매다는 관측 기구

● 마침내 성층권에 도달하다

다행히 기구는 차츰 상승하여 1만미터를 넘어섰다.

"이제 성층권이다!"

두 사람은 여러 가지 관측 기계를 사용하여 재빨리 관측에 들어갔다.

1만2천, 1만3천, 1만5천, 마침내 두 사람은 인류 최초로 성층권에 올라간 것이다.

피카르와 그의 조수는 그 때까지 알려지지 않은 성층권의 기상 상태를 자세히 조사했다. 그리고는 다시 아래로 내려가려고 했다.

그런데 여기서 또다시 사고가 일어났다.

피카르가 기구의 가스 밸브를 끌어 당길 때 사슬의 줄이 끊어져 버린 것이다. 이렇게 되면 가스를 뺄 수 없어서 기구는 내려가지 않는다.

● 성층권의 미아

기구는 두 사람을 태운 채로 성층권을 헤맸다. 두 사람은 성층권에 갇혀 있게 되었다.

두 사람은 가스 밸브를 수리하려고 애를 썼으나 뜻대로 되지 않았다. 착륙 예정 시각인 정오는 벌써 경과해 버렸다.

이렇게 해서 성층권에서 머문 시간은 무려 7시간이었고, 마침내 밤이 되었다.

밤이 되면서 온도가 내려감에 따라 가스가 오므라들어서 기구의 부피가 작아지고, 마침내 부력을 잃은 기구는 강하하기 시작했다.

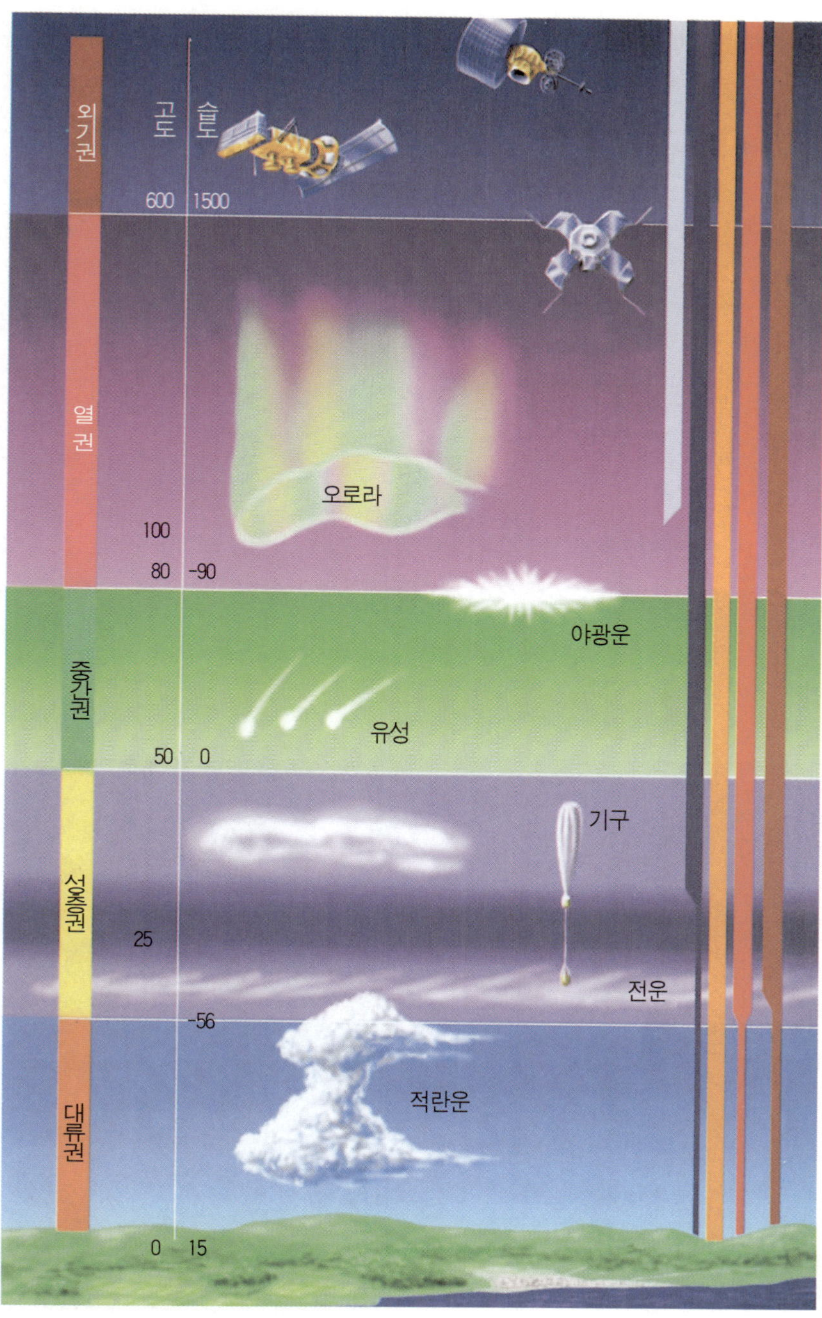

외기권
열권
중간권
성층권
대류권
고도
습도
600 1500
100
80 -90
50 0
25
-56
0 15
오로라
야광운
유성
기구
전운
적란운

🔺 구름의 종류 및 고도

"아아, 이제 살 수 있을 것 같다!"
기구는 더욱더 빠르게 지상을 향해 내려갔다.

● 마침내 지상에 되돌아오다

지상으로, 지상으로…….

오후 8시쯤 기구는 평평한 얼음 위에 조용히 내렸다. 두 사람은 기구를 덮고 밤을 샌 다음, 이튿날 아침 구조대의 도움을 받게 되었다. 그 곳은 알프스의 빙하 위였다.

'피카르 박사, 성층권에서 돌아오다!'

온 세계의 신문은 박사의 성공을 대서 특필로 알렸다.

1년 뒤인 1932년 8월18일에 피카르는 다시 기구를 탔다. 그는 이 때 1만7천미터의 높이에 도전하여 종전의 기록을 깨뜨렸다.

🔺 1976년에 대서양 횡단에 성공한 미국의 기구 실버 폭스 호

세계의 이상 기후

이상 기후

● 추운 겨울 나라 · 따뜻한 겨울 나라

1976년 이른 봄에 유럽의 북서부를 기습한 저기압은 965밀리바라는 태풍과 같은 위세로 발달했다. 이 때문에 영국에서는 매초 47미터의 폭풍이 불어 왔고, 덴마크에서는 이것이 폭풍설로 되었다.

🔺 태풍의 중심이 300~400km까지 다가오면 폭풍우를 동반한다.

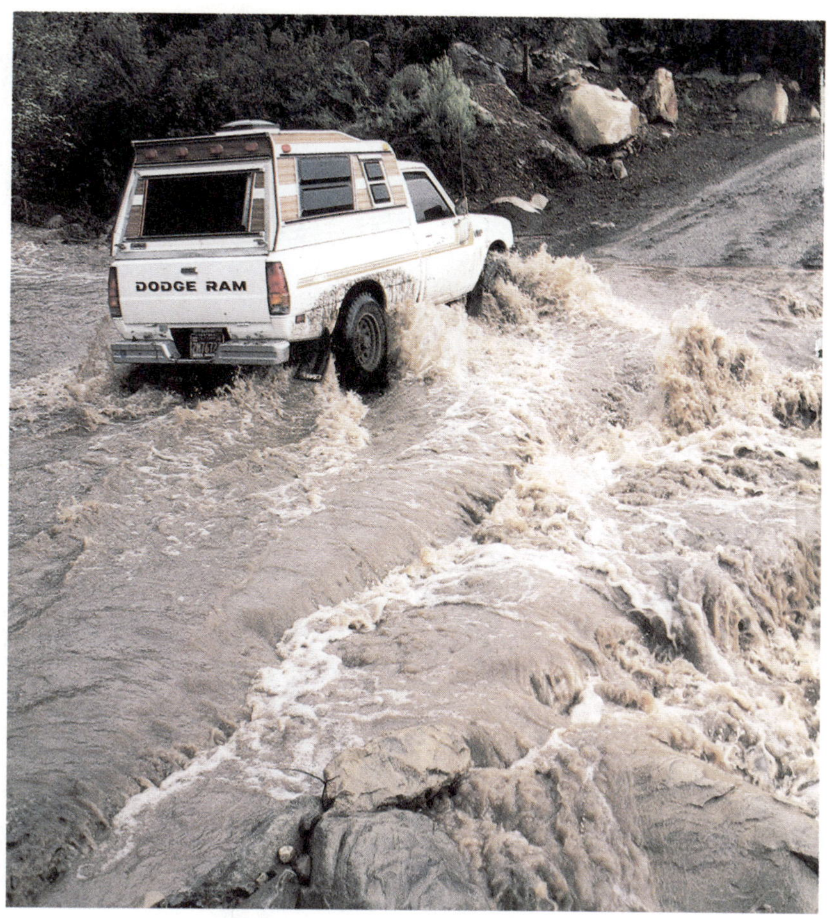

🔺 폭풍우를 동반한 태풍은 홍수와 산사태 등 큰 피해를 준다.

또한, 독일에서는 엘베 강에 겨울 홍수가 일어났으며, 이로 인해 죽은 사람이 79명이나 생겼다. 파손되거나 조난된 선박도 매우 많았다.

그 뒤에 모스크바의 서부에서는 영하 38도 이하의 저온이 관측되었다. 1월부터 2월에 걸쳐 동유럽과 러시아에는 심한 추위가 몰아닥쳤으며, 이 한파는 멀리 중근동까지 미쳤다.

그러나 초겨울에 난동이었던 모스크바 시민은, "이것이

진짜 모스크바다."라고 해서 한파를 환영하였고, 또 인스부르크의 동계 올림픽 대회장에도 대망의 눈이 내려, 대회 관계자와 주민들이 한시름 놓았다고 한다.

동부의 한파와는 대조적으로 서유럽의 각 지역은 난동으로 비가 내리지 않았고, 파리에서는 평년(30년 간의 평균)의 3분의 1의 비가 내렸을 뿐이었다. 이에 비해, 모스크바에서는 평년의 1.7배나 되는 많은 양의 비가 왔다.

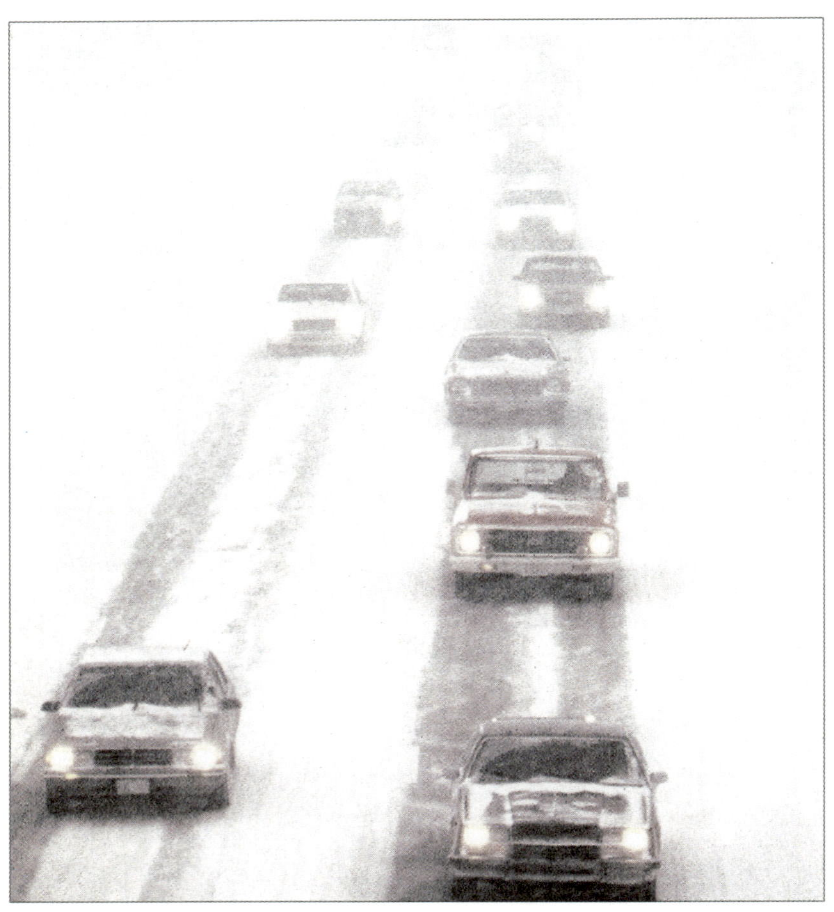

🔻 폭설—갑자기 내린 폭설로 자동차가 거리에서 꼼짝 못하고 있다.

🔺 여름처럼 더운 봄 날씨는 과수 농가에 큰 피해를 주기도 했다.

이 대조적인 날씨의 특징은 마치 앞으로 다가올 여름 날씨를 암시하는 것 같았다.

● 미국을 덮친 이상 고온

1976년 2월의 극동의 겨울은 봄과 같이 따뜻하였고, 꽃도 예년보다 빨리 피었다.

이같이 따뜻한 날씨는 북태평양의 고기압이 이상적으로 강했기 때문이었다.

한편, 대서양의 고기압도 이에 못지않게 강했다. 이 때문에 미국에서는 평년보다 섭씨 6도나 높았으며, 비가 내린 것은 하루 정도이고, 그것도 겨우 8밀리미터 정도밖에 되지 않았다.

이 지방은 겨울 밀을 생산하는 본고장이었는데, 이것이 가 뭄과 모랫바람에 덮여져 농무성 장관은 마침내 25퍼센트 수확 량 감소를 발표하기도 했다.

그리고 워싱턴의 벚꽃은 3월에 피어 버렸다.

4월이 되어서는 이상 기상은 더욱 심해졌다. 4월 18일 그리 스도 부활제를 축하하는 뉴욕 시민은 섭씨 33도의 더위에 곤 란을 겪었으며, 이튿날인 19일은 섭씨 35도라고 하는 뜨거운 봄 날씨를 맞았다.

🔺 이상 기상은 농작물의 수확량을 감소시켜 식량난을 부채질하고 있다.

뜻하지 않는 이상 난동이 계속돼 캐나다 북부의 포트스미스 시의 4월은 예년에 비해 섭씨 7도나 높았으며, 5월과 같은 해빙이 시작되었다고 한다.

● 유럽의 대가뭄

겨울부터 비가 적었던 유럽에서는 봄이 되면서부터 심각한 문제를 낳았다. 물론 이것도 대서양 상공에 있는 고기압의 영향이었던 것이다.

6월의 파리나 리스본에서는 비가 전혀 내리지 않았고, 7월이

🔻 가뭄으로 풀과 나무가 죽어 버리자 동물들이 먹이를 찾아 이동하고 있다.

🔻 이상 기후는 농사에 큰 타격을 미쳐 농산물의 감소를 가져온다.

되면서부터는 지독한 더위에 부딪치게 되었다.

외국으로부터의 전보나 뉴스는 '세기의 이상 건조'를 전했고, 스위스에서는 8월말에 알프스의 빙하가 녹았고, 영국에서는 9월에 24시간 수돗물이 끊기는 도시도 있었다.

6~7월의 강수량은 런던에서 31밀리미터로 평년에 비해 19퍼센트에 불과했고, 오슬로에서는 52밀리미터로 평년에 비해 21퍼센트 밖에 되지 않았다.

이 때문에 곡물의 생산이 10~20퍼센트 감소하는 큰 피해를 낳았다.

◢ 이상 기후는 지역에 따라 폭우를 내려 엄청난 재앙을 일으켰다.

● 서늘한 여름

유럽에서 지독한 더위와 가뭄으로 심한 고생을 겪고 있을 무렵, 모스크바에서는 매일 장마비가 내려 글자 그대로 서늘한 여름을 맞이한 것이라고 해외 뉴스는 전하였다.

동유럽, 남유럽, 중근동, 인도에도 저온이고 비가 많이 내렸다. 올림픽이 열렸던 몬트리올의 7월도 섭씨 2도나 낮았다.

우리 나라 인천에서는 470밀리미터의 큰 비가 내렸고, 중국 대륙의 황하 유역에서는 7월 하순의 제1차에서 9월 13일의 제7차에 걸쳐 대홍수가 일어났다.

🔺 농작물의 수확은 기상 변화와 밀접한 관계를 맺고 있다.

　이것은 1958년의 대홍수와 같은 것이며, 그 유역의 평년의 8월 우량은 1,060밀리미터였다.

● 세계의 이상 기후와 식량 문제

　미국이나 중국의 가을(9월)의 냉기는 매우 빨리 왔다. 유럽에서도 찬 공기가 남하하여, 9월16일 파리에서는 섭씨 13.8도로 쌀쌀했다. 이것은 1880년의 13.0도 다음 가는 것이었다.
　아무튼 유럽에서는 가뭄으로 인한 피해가 심각했으나 미국이나 인도, 러시아에서는 밀이 대풍작이었다.

🔺 태풍은 폭풍우를 동반해 인간에게 엄청난 재앙을 남긴다.

우리 나라에서는 여름의 저온 다우가 쌀 생산의 감소로 나타났다. 이에 비해서 주로 밀을 생산하는 나라에서는 무엇보다 가뭄을 두려워했다. 그들에게 있어서 저온 다우는 '결실의 가을'을 약속하는 것이 된다.

이상 기후나 기후 변동의 원인은 복잡한 것이며, 아직 모르는 점이 많다. 그러나 이러한 자연 재해에 대비하고 대처해 온 것이 바로 인간의 역사이며, 인간의 슬기로움임에 틀림없다.

⬣ 벼가 자랄 때는 날씨가 맑고 물이 풍부해야 한다.

● 엘니뇨

　지구의 한편에서는 엄청난 양의 폭우와 홍수 사태가 일어나고 그 반대편에서는 곡식이 말라 죽고 가뭄으로 산불이 발생하고 있다. 게다가 오랫동안 활동을 멈추었던 휴화산이 폭발하여 수많은 인명과 재산 피해를 가져오고 있다.

　이 모든 것들이 공상 과학 영화에 나오는 이야기가 아니다. 현재 세계적으로 일어나고 있는 이상 기후 현상이다.

　이러한 이상 기후 현상의 중심에 있는 것이 바로 엘니뇨

🔺 건조한 날씨는 각종 식물의 성장을 위협하는 큰 적이다.

현상이다. 엘니뇨란 남미 페루와 에콰도르 연안의 바닷물의 온도가 올라가 어부들이 고기를 잡지 못해 어쩔 수 없이 휴가를 보내야 하는 데서 비롯된 이름이다.

엘니뇨 현상에 대해 구체적으로 말하면, 열대 태평양 지역의 바닷물의 표면 온도가 평균 온도보다 0.5도 높게 5개월 이상 지속될 경우를 말한다.

0.5도라면 그다지 큰 차이가 아니라고 생각할 수도 있지만 사실은 그렇지 않다. 더워진 바다 표면의 온도가 대기와 상호 작용하면서 지구촌 전체의 대기 흐름을 교란시켜 각종 기상 이변을 몰고 오기 때문이다.

● 해일—육지로 덮쳐 오는 해일은 연안 주민들에게 큰 피해를 준다.

🔺 태풍은 초속 20~60m의 폭풍우를 동반한다.

엘니뇨는 2~6년마다 한 번씩 불규칙적으로 찾아오며, 주로 9월에서 이듬해 3월 사이에 기승을 부린다. 엘니뇨에 대한 과학적 관심이 높아지기 시작한 1951년 이후에만도 10회 이상이나 발생했으며, 그 때마다 엄청난 재산 피해와 인명 손실을 가져왔다. 특히 지난 1982~1983년에 발생한 엘니뇨는 전세계적으로 2천여 명 이상이 사망하거나 실종됐고, 1백3십억 달러 이상의 경제적 손실을 입혔다고 기록되어 있다.

🔺 엘니뇨로 인한 서늘한 여름으로 관광 산업에도 타격을 받았다.

그러나 1997~1998년의 엘니뇨는 1982~1983년에 입은 피해의 두 배에 이른다고 알려져 있다.

엘니뇨로 인한 피해는 단순한 자연 재해에 그치지 않는다. 캐나다에서는 따뜻한 날씨가 계속되면서 로키 산맥 일대에 눈이 내리지 않아 관광 산업에 큰 타격을 받았다.

일본에서는 서늘한 여름이 계속되면서 빙과, 음료업계가 '엘니뇨 불황'으로 고전하였으며, 우리 나라의 경우도 빙과뿐 아니라 겨울철 난방 용품의 수요가 줄어드는 등 엘니뇨는 산업 전반으로 그 피해 영역을 넓혀 가고 있다. 그러나 이보다 더 심각한 문제가 있다.

바다 표면의 온도 상승으로 인해 남극의 빙하가 녹으면서 해수면이 상승하여 육지가 물에 잠기는 경우가 발생할 위험이 있다. 또, 온도 상승으로 물고기의 대량 떼죽음 등 바다 생태계가 파괴되어 가고 있다. 이는 인간의 생존에 직접적 영향을 끼치게 된다.

🔺 녹아 내리는 빙하

● 우리 나라에 닥친 엘니뇨

우리 나라는 다행히 엘니뇨의 직접적인 영향권에서는 다소 벗어나 있기 때문에 지구촌의 다른 지역에 비해 아직까지는 심각한 피해를 겪고 있지 않다. 그러나 여름의 불볕 더위와 겨울철 이상 난동으로 관련 업계의 피해가 속출하고 있다.

여름내 잘 익고 출하할 날을 기다리다 갑자기 쏟아진 우박으로 인해 과수 농가가 과일 출하를 거의 포기해야 하는 상황이 벌어졌다.

또 지역에 따른 기온 격차가 급격하게 줄어들어, 종래에는 차이를 보였던 꽃들의 개화 시기가 거의 같아짐으로써 양봉 산업에도 큰 피해를 주었다.

🔴 집중 호우로 물에 잠긴 마을

엘니뇨의 영향을 받지 않고 잘 자라 수확을 기다리는 보리

    한편, 이상 기온은 생태계에도 큰 영향을 끼치고 있다. 예년과 다른 기온 변화로 각종 동물들이 자신의 터전에서 벗어나 사람들의 주거 지역으로 들어오거나 생존에 문제가 생기는 등의 일이 벌어지고 있다.

    한국 은행이 최근 발표한 보고서에 의하면, 엘니뇨로 인해 미국, 캐나다, 호주 등 주요 농산물 국가들의 곡물 생산량이 최대 30퍼센트까지 감소했다고 발표했다.

    이들 나라는 우리 나라가 주로 곡물을 수입하는 곳이다. 따라서, 우리 나라에 직접적인 피해가 크지 않다고 할지라도 여러 나라와 관계를 맺고 있는 오늘날 엘니뇨의 피해는 어느 순간 우리에게 심각한 영향을 주게 되는 것이다.

● 라니냐가 온다

전문가들은 엘니뇨의 위력이 점차 약해지면서 불안정했던 대기의 흐름이 정상을 되찾고 있다고 밝혔다.

그러나 대재앙은 아직 끝나지 않았다. 엘니뇨와는 반대로 적도 인근 동태평양의 바다 표면 온도가 섭씨 0.5도 이상 낮아지는 라니냐 현상이 발생할 가능성이 높다고 덧붙이고 있기 때문이다.

라니냐 또한 기상 이변과 자연 재앙을 일으키기는 마찬가지다. 다만 엘니뇨 때와는 반대로 진행될 뿐이다. 이를테면 극심한 가뭄에 시달린 인도네시아는 물난리가, 물난리를 겪은 페루는 극심한 가뭄을 겪게 되는 것이다.

엘니뇨나 라니냐가 현재 지구 전체를 뒤흔드는 기상 현상이 되었지만, 발생 원인은 명확히 밝혀져 있지 않다. 단지, 인간이 자연을 지배하려는 오만한 생각에서 비롯된 산업 발달이 자연 환경 파괴로 이어지면서 대재앙의 서막이 열린 것으로 추측할 따름이다.

지나온 과학의 역사가 말해 주듯, 언젠가는 엘니뇨나 라니냐의 비밀도 해독될 것이다. 그러나 적어도 지금 자연이 인간에게 주는 교훈은 분명하다.

자연은 언제나 인간보다 위대하고 자연을 깔보며 함부로 대하는 인간의 오만한 콧대를 꺾을 준비가 되어 있음을 말해 주고 있다.

날씨의 변화

초판 1쇄 발행 2007년 6월 20일
초판 2쇄 발행 2009년 7월 10일

엮은이
학생과학문고편찬회

펴낸이
조 병 철

펴낸곳
한 국 독 서 지 도 회

경기도 고양시 일산동구 장항동 580
TEL (031)908-8520
FAX (031)908-8595
출판등록 1997년 4월 11일 (제406-2003-016호)

ISBN 89-7788-174-9